杭州密码

"六小龙"
何以在此腾飞

本书编写组◎编著

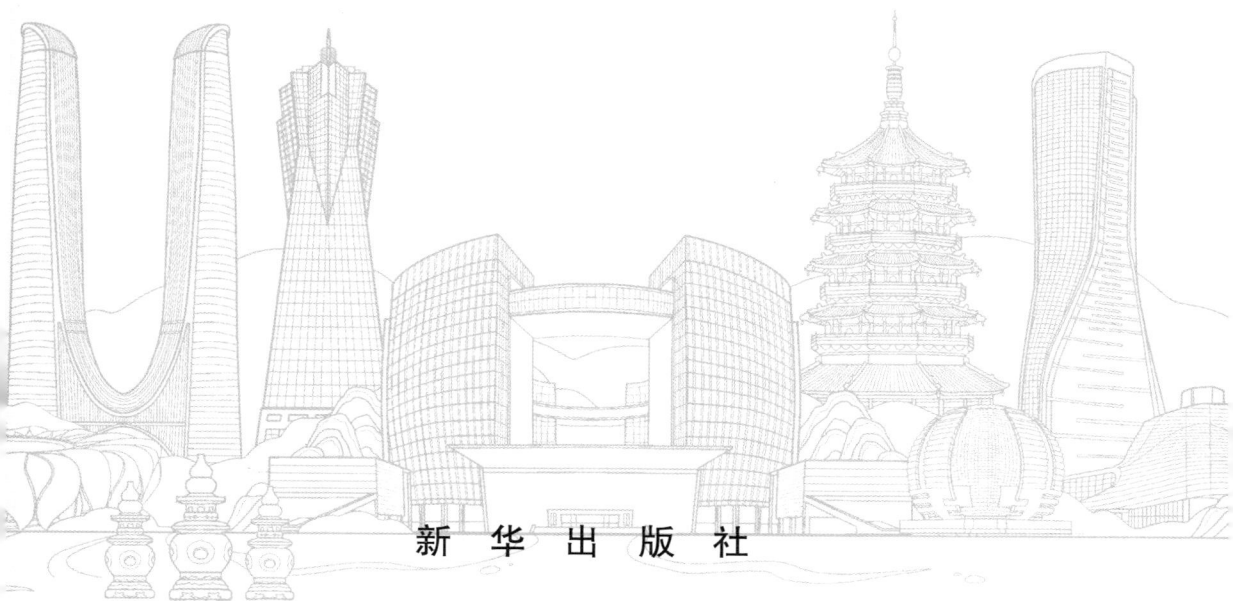

新华出版社

图书在版编目（CIP）数据

杭州密码："六小龙"何以在此腾飞 / 本书编写组编著 .
北京：新华出版社 , 2025. 3.
ISBN 978-7-5166-7896-1

Ⅰ . F279.244.4

中国国家版本馆 CIP 数据核字第 2025EF0911 号

杭州密码："六小龙"何以在此腾飞

编著：本书编写组

出版发行：新华出版社有限责任公司

（北京市石景山区京原路 8 号　邮编：100040）

印刷：河北鑫兆源印刷有限公司

成品尺寸：170mm×230mm　1/16　　印张：19.5　　字数：180 千字

版次：2025 年 3 月第 1 版　　　　　印次：2025 年 3 月第 2 次印刷

书号：ISBN 978-7-5166-7896-1　　　定价：98.00 元

微店　　　视频号小店　　　抖店　　　京东旗舰店

微信公众号　　喜马拉雅　　　小红书　　　淘宝旗舰店　　　扫码添加专属客服

前言

2025 年初春，杭州的六家科创企业在全球科创圈激起千层浪，这座充满韵味与活力的城市，也成为世界瞩目的焦点。

杭州"六小龙"，宛如闪耀东方的一条星链，映射出区域创新发展的梦想与征途，再次注解了科技如何成为牵动世界的力量。

"六小龙"的崛起绝非偶然，它是全球科技变革浪潮与城市转型发展同频共振的结晶。创新思维的突破、产业底蕴的积累、城市版图的拓展、经济结构的优化以及多元文化的交融，这些要素相互交织，共同为"六小龙"的诞生提供了肥沃土壤。在机遇与挑战并存的时代舞台上，它们凭借自身独特优势，开辟出一条条创新发展之路，不仅承载着杭州的创新精神，更在全球产业创新的浪潮中异军突起。

创作这本关于"六小龙"的图书，是一次对创新话题的深度回溯，我们试图探寻它们的发展轨迹，挖掘背后那些动人心弦的故事。通过对"六小龙"全方位、多角度的剖析，为读者呈现一个更立体、更鲜活的杭州，展现这座城市作为创新之都的独特魅力与无限可能。

对于关注城市发展的读者而言，这不仅是对杭州特定区域发展的了解，更是一场对城市发展规律的深度探索。"六小龙"在发展历程中所面临的机遇与挑战，以及它们应对挑战、把握机遇的策略，都为其他城

市和地区的发展提供了宝贵的借鉴经验。

对于生活在杭州的人们来说，"六小龙"是城市互联网基因的传承者，是杭州城市名片上一枚耀眼的勋章。而对于更多的读者而言，这是一扇了解杭州的窗口，透过它，可以领略到杭州这座城市的独特魅力与发展活力。

在历史长河中，"六小龙"的故事或许只是一个不长的篇章，未来还会有更多的"潜龙"蓄势待发，不断刷新科技发展的纪录。但"六小龙"留给我们的启示却影响深远，它们让我们看到创新的力量，看到坚持与突破的价值。希望这本书能成为一把钥匙，开启读者对创新创业的深入思考，让我们在探寻"六小龙"的过程中，汲取不断前行的力量，共同创造更加美好的未来。

2025 年 3 月

"六小龙"何以出杭州？

——解码杭州科创民企"破圈"基因

钱塘江的潮水年复一年，但 2025 年的春潮似乎格外汹涌——潮头之上，六家杭州科技企业如蛟龙出海，搅动全球 AI 江湖。DeepSeek 的大模型让世界惊艳；宇树科技的机器人扭着秧歌登上春晚舞台；游戏科学的《黑神话：悟空》斩获 TGA 大奖；强脑科技的非侵入式脑机接口技术取得重大突破，研发的智能仿生手已经获得美国食品和药物管理局批准上市；云深处科技的机器人"绝影 X30"已在新加坡电力隧道进行巡检，更走进生产生活；群核科技研发的分布式存储系统性能达到国际领先水平，成本大幅降低……

杭州，这座被苏东坡赞为"淡妆浓抹总相宜"的千年古城，在数字经济时代展现出另一重"面孔"：从南宋"百业辐辏"的商都，到今日的"全国数字经济第一城"，杭州的蜕变背后，是历史基因、创新生态与制度变革的共振。在长三角一体化与全球科技博弈的大背景下，这座城市的创新密码，为中国经济转型升级提供了重要启示。

前瞻布局：从"货通天下"到"数联全球"

"东南形胜，三吴都会，钱塘自古繁华。"杭州在古代便是商业与创

新的沃土，"士农工商皆本业"的理念，奠定了杭州重商文化和民营经济的基础。

南宋时期，临安城（今杭州）成为全球最大城市，人口逾百万，"买卖昼夜不绝"；明清时期湖州丝商、徽州茶商在此交汇，形成"无杭不成市"的商贸网络。

改革开放之后，杭州又探民营经济发展之先。依靠市场化改革先发红利和一批胆大敢干的企业家的突围，陆续发展起了纺织服装、食品饮料、包装造纸等轻工业，涌现出了以冯根生、宗庆后、鲁冠球"三驾马车"为代表的民营企业家。如今，杭州民营经济增加值占 GDP 超60%。

杭州的创业磁场，就这么藏在了历史与现代的奇妙共振里。

"六小龙"花开杭州，看似是"忽如一夜春风来"，但背后的努力绝非一朝一夕。循迹溯源，杭州在科技创新领域屡有突破，与其前瞻布局、系统谋划息息相关。

早在 2003 年，浙江省委作出实施"八八战略"的战略部署，"积极推进科教兴省、人才强省"是"八八战略"的重要内容之一。在面临人才资源总量不足、结构性矛盾突出的当时，浙江鲜明指出科技创新、人才支撑是构筑新动能、塑造新优势、实现高质量发展的关键。2006年，浙江召开全省自主创新大会，提出"到 2020 年成为创新型省份、

基本建成科技强省"的战略目标。

杭州作为省会城市，在科技创新领域一马当先。至 2014 年，杭州在全国率先提出"发展信息经济，推广智慧应用"；2016 年，杭州成为中国首批"数字经济"城市；2018 年，杭州提出打造全国"数字经济第一城"；近年来，聚焦未来产业，杭州部署了一系列前瞻性的政策资源……

2023 年 10 月 22 日的杭州亚残运会开幕式上，中国代表团游泳队运动员徐佳玲在主火炬台前，将火炬"桂冠"从右手换到智能仿生左手上，"大拇指"内收，五指并拢，稳稳握住，在吉祥物飞飞和现场观众见证下点燃了圣火。

她穿戴的智能仿生手是一款脑机接口技术与人工智能算法高度整合的智能产品，就来自"六小龙"之一的强脑科技。作为一项重要的、变革性的人机交互技术，脑机接口是全球最受瞩目的前沿技术之一，也被我国列入未来产业十大标志性产品。

面对新一轮科技革命和产业变革，布局前沿产业就像下一盘"未来棋"。

早在 2017 年，浙江省凭借敏锐嗅觉，抢先布局机器人赛道，印发《浙江省"机器人＋"行动计划》，是全国首个提出"机器人＋"政策的省份。就在同一年秋天，云深处科技有限公司在杭州成立，出身于浙江大学的创始人朱秋国在公司名称中引用了"白云深处有人家"的诗

句，希望"让智能机器人走进千家万户"。

如今，云深处科技的机器人"绝影Ｘ30"已经在新加坡电力隧道进行巡检；宇树科技2024年年底发布的Ｂ2-Ｗ机器狗，能轻松应对翻山、涉水、跳高和负重载人等场景，并在工业巡检、应急救援等场景实现商业化应用。

翻开杭州城市地图，更能清晰看到杭州科技强市的超前空间规划。

杭州"六小龙"中有一半位于杭州城西科创大走廊。2016年，东起浙江大学紫金港校区，西至浙江农林大学，全长约33公里的城西科创大走廊拔地而起，通过市级层面的单独规划、土地指标倾斜和考核松绑，该区域在短短五年内形成"一廊四城两翼"的创新矩阵，汇聚阿里云、之江实验室等众多重大科创平台，数字经济核心产业增加值年均增长12.3%。

这种设计突破了传统行政壁垒，例如在土地资源分配上，杭州对科创走廊核心区实行"指标单列"，避免与其他区域竞争消耗；在考核体系上，减少GDP权重，增加研发投入、技术交易额等创新指标。一系列创新的顶层设计使得科创走廊成为要素流动的"洼地"与创新产出的"高地"。

目前，大走廊形成了1家国家实验室＋3家国家实验室基地＋28家全国重点实验室＋5家省实验室的高能级科创平台体系，并集聚了

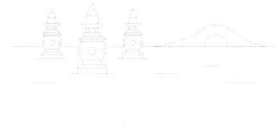

浙江大学、西湖大学等 12 所重点、新型高校，形成以大学、大装置、大科创平台为核心和众多科技孵化器、科创园、特色小镇组成的创新生态圈。

从早先的"工业立市"到"数字之城"，杭州，对于产业发展始终有前瞻性洞察和精准判断。

就在各大城市主动对标杭州的同时，杭州市开始了 2025 年推动经济高质量发展的布局谋划：将对智能物联、高端装备制造、生产性服务业等 21 项存量政策进行"加码"，新增支持战略性新兴产业发展、航空物流高质量发展、促进数据要素流通等 18 项政策；专门统筹 15% 的产业政策资金，集中投向优质新质生产力，加大对通用人工智能、人形机器人等未来产业支持。

多年的资源汇聚，促使杭州产业生态厚积薄发。从生成式人工智能、人形机器人，到量子科技、脑机接口、未来网络等，杭州和浙江其他地区都秉持长期主义，持续布局产业新赛道，不断拓展产业新天地。

雨林生态：从"一枝独秀"到"万物生长"

高校实验室的论文能快速变成宇树机器人的关节设计；之江实验室的算法转眼嵌入 DeepSeek 的模型；就连亚残运会的火炬台，都成了强

脑科技脑机接口的秀场……

创新链、人才链、资金链的不断协同，让杭州打造出一片创新的"热带雨林"。这里没有单一参天巨树遮蔽阳光，却有万物竞发的生态奇迹。

创新群落集聚激发"乘数效应"——

走进杭州钱塘芯谷产业区，可以看到中欣晶圆、宝鼎乾芯、赛德光电等众多半导体企业的身影。目前，这里已成功吸引了120余家半导体上下游相关企业入驻，初步构建起涵盖设计、制造、封装到终端应用的全产业链体系。

杭州幄肯新材料科技有限公司是芯谷产业区里众多创新企业的代表之一。2017年，攻读博士没多久的唐波带领着一支专家团队来到了钱塘区，创立了这家公司。"得益于园区高度集聚的产业生态，专注于高温热场领域碳素复合材料的团队能够迅速将实验室的最新研究成果转化为生产力，实现一项又一项的技术革新。"唐波说。

与其他一些城市"巨头主导"模式不同，杭州的科技版图呈现出独特的结构：在这里，阿里巴巴等巨头持续释放技术红利；"六小龙"等300余家细分赛道领军者专注场景创新；上万家小微科技企业协同分工，推动产业发展。

一片"热带雨林"的科创新跃迁就此成型。

以浙江大学、西湖大学等高水平大学和之江实验室、良渚实验室等省实验室为锚机构，杭州构建起环大学、环科创平台创新生态圈，引导创新资源在区域内高浓度聚集、高频次交流，形成"学科＋平台＋产业"模式。

如毗邻浙江大学玉泉校区，环浙大人工智能产业带的首个项目——石虎山基地，离浙大玉泉校区仅有10分钟路程，集聚着10余个创新工坊、30余家初创企业，智能协作机器人、医疗机器人、球形巡检机器人、无人驾驶机器人等多个创新机器人产品正在其中孵化。

要把创新主动权、发展主动权牢牢掌握在自己手中。"目前，杭州建立了五大产业生态圈的'5＋X'产业政策体系，资源要素保障也在加快推进，不断用政策助力战略性新兴产业持续发展。"杭州市经信局相关负责人说。

人才磁场产生"链式裂变"——

南宋临安城"参差十万人家"的开放基因，如今演变为人才净流入率连续多年全国第一的数字奇迹。

翻开"六小龙"创始人的履历，清一色"80后"技术极客。"布局未来产业，要摒弃唯头衔、唯'帽子'的人才评价标准，关注具有'极客化'、差异性的核心技术，以及有跨界特质的青年人才。"之江实验室发展战略与合作中心主任董波说。

游戏科学的两位创始人，怀揣着要做高质量单机游戏的梦想来到杭州。在长达 6 年的研发期中，杭州始终耐心陪伴，静待花开。

2019 年，公司属地西湖区艺创小镇提供了 3600 平方米物业支持，主创冯骥考虑到未来发展，提出再租赁两栋办公楼，但要"等项目扩大了再来拿"。小镇管委会便将办公楼保留空置 3 年，直到 2024 年履约，还给予了一年免租优惠。

信任，是杭州给予青年人才的尊重，也是助力青年人才创新创业一以贯之的原则。

早在 2008 年，杭州就出台《杭州市高校毕业生创业三年行动计划》，从创业资助、平台建设、引导基金等方面给予支持，"中国杭州大学生创业大赛"也应运而生。此后的 16 年里，杭州助力大学生创业的初心不改，"三年行动计划"已滚动出台 6 轮，政策增值叠加，受益面更广。

如今，杭州正在实施全球青年人才集聚"青荷计划"，力推青荷乐业、青荷安居、青荷云聘、青荷创赛、青荷游学等 8 个方面举措，不断探索优化青年人才培养引进使用的有效路径。

杭州第一家上市的大学生创业企业——"每日互动"CEO 方毅曾说："如果用一个词语来形容杭州的创业氛围，那就是'balance 平衡'，这种不疾不徐、不争眼前得失而着眼长远的定力，是杭州的独特之处。"

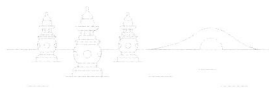

资本活水进行"精准滴灌"——

以"六小龙"为代表的前沿科技产业领域，有一些共同的标签，都是投入大、周期长、未来收益不确定性高。

面对这类"硬核"科技，建立同新质生产力发展相适应的科技金融体制至关重要。为此，杭州统筹构建多渠道、多元化融资体系，持续加大对新兴产业和未来产业的支持力度，为创新创业注入金融"活水"。

杭州提出"财政科技投入增长15%以上，市本级新增财力15%以上用于科技投入，产业资金15%投向新质生产力"科技投入政策，完善国资创投基金绩效考核制度，探索尽职免责机制，不以单一项目亏损或未达到考核标准作为负面评价依据，适度放宽投资容亏率，推动国资创投基金"算大账""算长远账"，成为更有担当的耐心资本、大胆资本。

为此，杭州组建科创基金聚焦"投早投小投科创"、创新基金聚焦"投强投大投产业"，目前两大千亿基金批复总规模已超1850亿元，撬动社会资本约1350亿元，累计投资金额725亿元。

早春时节，超山梅花迎来盛放，同处于杭州临平的中国算力小镇也迎来"暴发期"。成立3年多，算力小镇精准聚焦集成电路（芯片）设计、高端软件和人工智能两大核心主赛道。其间，当地引入的浙江图灵研究院作为产学研融合平台，大力推动技术创新与应用拓展，为小镇

创新创业不断注入活力，吸引大量企业入驻。截至当下，算力小镇集聚企业 2000 多家，一批企业已经取得重大突破，可堪比肩"六小龙"的"蛟龙""潜龙"蓄势待发。

"杭州投资人懂技术，敢押注'十年冷板凳'。"连连数字相关负责人表示，其跨境支付系统研发曾获本土机构连续三轮跟投，"这在其他城市很难想象"。这种"慢钱快技术"的组合拳，让杭州避开了一些产业的泡沫和陷阱。

资本的汇聚也加速了科技成果的转化和产业化进程。业内人士称，近五年，投资人开始往硬科技方向转，这是随着产业发展的趋势而来的，"杭州包括浙江范围内的潜力企业，几乎都是从人工智能、先进制造、医疗健康等硬科技赛道跑出来的"。

"坚持做好'难而正确'的事，持续紧跟科技创新发展潮流，不断推动杭州成为科技成果转移转化首选地。"杭州市国有资本投资运营有限公司党委委员、副总经理许宁说。

制度破壁：刀刃向内的"数智治理革命"

在杭州市余杭区行政服务中心，创业者王琳的体验颇具象征意义：刷脸调取电子证照、AI 自动生成公司章程、区块链存证秒级审批。"以

前要跑 7 个部门的事，现在喝着咖啡就办完了"。

这种"无事不扰，有求必应"的极致体验，正是杭州"刀刃向内"改革的缩影。

政府自身的"数字化再造"——

从游戏科学初创时享受的三年房租全免，到宇树科技濒临资金链断裂时"雪中送炭"的救命钱，杭州这座城市深谙"服务型政府"的真谛——既要当"店小二"，又不能乱掀后厨帘子。当其他城市还在比拼税收优惠时，杭州早已悟透：最好的政策是"不折腾"，最高的效率是"少盖章"。

在杭州，要开办一家企业，只需要在网上点点鼠标，全程网办，无须到线下办理，并且零成本，实现"一日办结"。便利的开办企业流程，最直接地推动了杭州市场经营主体的快速增长。

"对企业来说，政府服务，有时候减法比加法更有效。"杭州嗡嗡科技有限公司负责人刘杲劼说，他的创业公司经历了成长，增加了注册资本，变更了经营范围，这些手续全部在手机上就完成了，"减表单、材料、流程，实实在在的方便"。

在杭州整体智治综合应用中，集成、精准、自动抓取、无缝衔接、多跨协同、综合集成、闭环管理……成为高频词汇。这些高频词汇的背后，是以"惠及百姓、赋能治理、促进发展"作为衡量是否取得实效

的重要标准。

"杭州的数字化改革不只是一个应用场，更是一个探索场、一个试验场。"杭州市委相关负责人指出，数字化是推进改革的形式，是撬动改革的手段，其最终目的是为了将数字化改革的创新成果上升为系统完备、科学规范、运行有效的制度体系，实现党政机关内部、党政机关与外部环境以及全社会各类主体之间的高效协同。

创新要素的"先行突围"——

作为创业成功的典范，"六小龙"也都有各自的低谷。说杭州的创业氛围好，不仅仅是因为这里有资金、有人才，更关键的是鼓励试错、包容失败的文化基因。

很多在杭的企业家谈到，杭州能遵循新技术新产业发展规律，营造安心、专心的创业创新环境。

当数据作为新型生产要素，快速融入生产、分配、流通、消费和社会服务管理等各环节时，作为数据要素最为集中的城市之一，杭州推出一系列数据产业发展激励政策，比如启动《杭州市数据流通交易促进条例》地方立法；提出"三数一链"数据流通基础架构；上线运营首个杭州密态计算中心。

对于新兴产业法律法规尚未明确事项，杭州纳入"沙盒监管"，鼓励入盒企业在风险可控范围先行先试，呵护创新火种。如孚临科技纳

入"沙盒监管"后，在数据流通链式授权、善意使用风险隔离等方面开展创新试点，推出全球首个亿级参数银行反诈大模型。

在"绝影"系列机器人研发的过程中，杭州市政府协助提供了完整的实验场地，让企业可以进行大量的巡检功能验证，比如机器狗的野外功能测试等；当宇树科技需要测试环境时，杭州市滨江区政府直接开放了亚运场馆。

而对于涉企检查，杭州实施"综合查一次"改革，避免重复检查、多头检查，最大程度减少不必要干扰，让企业专心创新；完善常态化"为企办实事"工作机制，倾听企业困难、诉求和建议，建立涉企问题"快速响应、限时办结"闭环管理机制，问题破解率100%。

这座城市似乎有种特殊的"柔性力量"，让许多创新企业的企业家感叹，杭州像会呼吸的孵化器，既给你试错空间，又在你需要时精准赋能。

用市场思维践行政府行为——

强脑科技创始人韩璧丞是一名"85后"哈佛大学博士生，他和团队了解到国内创新创业环境后，萌生了回国创业的想法。2018年年初，杭州市余杭区未来科技城的一群工作人员找到了这个团队。

"我们给考察组讲了脑机接口技术，给他们看了当时实验室里一些比较粗糙的模型，得到了认可。"强脑科技合伙人何熙昱锦回忆说，"我

们非常激动，来到余杭以后，感觉千里马终于遇到了伯乐。"

杭州是一个市场有效与政府有为结合得很出色的一流城市，"基础科学—科技研发—成果转化—生产制造"全产业链比较完善的优秀城市，因而保持着创新创业的巨大原动力。

当其他城市押注单一赛道时，杭州选择"让所有可能性自由生长"：既支持之江实验室攻坚"三体计算星座"，也鼓励大学生用 AI 设计西湖文创雪糕；既建设投资超百亿的"中国视谷"，也保留馒头山社区的低成本创客空间；既引进诺奖得主领衔的西湖大学，也孵化出"用机器视觉选茶"的龙井茶农。

在浙商研究会执行会长胡宏伟看来，新质生产力的迸发，需要新型生产关系的孕育。只有在"将改革开放进行到底"中坚定不动摇并日益优化完善的以民营经济、市场经济和"人的解放"为内核的新型生产关系的丰沃大地上，才能让更多的"六小龙"们破土而出，"大有可为"。

（邬焕庆、王俊禄、唐弢、朱涵、张璇）

目 录

第一章

探寻多元创新脉络，解码杭州『六小龙』发展路径

在杭州，六家科技企业如蛟龙出海，搅动全球科创江湖。从游戏科学的《黑神话：悟空》斩获国际大奖，到DeepSeek以低成本大模型惊艳世界，再到宇树科技的机器人登上春晚舞台，这些创新成果背后是杭州深厚的历史基因、前瞻的科技创新布局与肥沃创业土壤的共同滋养。南宋时期的商业繁荣为杭州种下了创新的种子，改革开放后民营经济的蓬勃发展为科技创新提供了强大动力。浙江省的『八八战略』更是为科技创新指明了方向，推动杭州在数字经济时代展现出独特的创新魅力，成为中国经济转型升级的重要启示。

"六小龙闹海"——浙江科创样本观察

2025年年初，浙江杭州部分科技企业频频刷屏，引起海内外高度关注。深度求索以行业较低成本，短短两个月内就训练出了人工智能大模型DeepSeek-V3；宇树科技的机器人技艺超群，相关视频引发海外热议；云深处科技出品的四足机器人"绝影X30"在新加坡电力隧道巡检，引起网友赞叹……

与这三家企业同处杭州的游戏科学、强脑科技、群核科技，被外界合称为杭州"六小龙"，均为近年来涌现的、在新技术领域具有影响力的企业。

"六小龙"为何扎堆涌现？如何培育更多的"六小龙"？

"六小龙"出海全球科技圈

近期以来，以深度求索、宇树科技等为代表的多家杭州科技创新企业，引发全球关注。网上网下，杭州"六小龙"声名鹊起，这座长期

2024 年 8 月 22 日在德国科隆国际游戏展《黑神话：悟空》拍照区拍摄的模型。
（新华社记者张帆摄）

以数字经济、电商平台等见长的城市，在新一轮科技浪潮带来的激烈变革期，再度成为焦点。

"六小龙"在创新赛道上，各有独门绝技。

游戏科学率先"出圈"。去年，作为首款国产 3A 游戏的出品公司，游戏科学推出的《黑神话：悟空》风靡全球，斩获有着"游戏界奥斯卡"之称的 TGA（The Game Awards）2024 "年度最佳动作游戏""玩家之声"两项大奖，实现了国产游戏的突破。

深度求索"一鸣惊人"，其在人工智能领域取得重大突破。2024 年年底，深度求索以行业较低的算力和 GPU 芯片数量，训练出了性能卓越的大模型 DeepSeek-V3，引发全球 AI 界对"中国速度"的热议。业界认为，以深度求索为代表的中国大语言模型，不仅更开源、更低能耗和更透明，还成为普惠全球的公共产品的典范。

宇树科技、云深处科技"身手不凡"。如宇树科技去年底发布的 B2-W 机器狗，能轻松应对翻山、涉水、跳高和负重载人等场景，并在工业巡检、应急救援等场景实现商业化应用。云深处科技的四足机器人"绝影 X30"已在新加坡电力隧道进行巡检。

此外，强脑科技的非侵入式脑机接口技术取得重大突破，主要产品可以为肢体残疾人和罹患孤独症的孩子提供帮助。群核科技在云计算基础设施领域实现创新突破，其研发的分布式存储系统性能达到国际领

2025 年 2 月 10 日，杭州云深处科技的工作人员在动态展示"绝影"系列机器人。
（新华社记者黄宗治摄）

先水平，成本大幅降低。

近年来，浙江把增强科技创新能力摆到更加突出的位置，整合科技创新力量和优势资源，在科技前沿领域加快突破。

业内人士表示，"六小龙"蛟龙出海，体现了杭州这类创新城市发展新质生产力的先发优势，"中国科创"将越来越多地走向全球，造福世界人民。

"六小龙"崛起的背后

在杭州的西南角，转塘的艺创小镇静静依偎在山湖之间。这里不像市中心那样热闹喧嚣，也不似传统产业园区的千篇一律，而是有着与自然景观和谐共生、依山而建的错落建筑群，也因此保留了一份难得的宁静。

"游戏科学的创始人冯骥一眼就相中了这个地方。他们团队不是没有去过其他城市考察，当他们看到这里安心的氛围，多年培育的良好产业生态以及中国美术学院与浙江音乐学院的比邻而居，就决定落户这里。"艺创小镇为企服务中心负责人臧燕说。

如今，艺创小镇吸引追光动画、艺高文化、喜马拉雅、时光坐标等3000余家文创企业在此发展。

杭州，见证和陪伴了游戏科学的成长，游戏科学的成功也成为杭州创新基因、营商环境的最佳注解。

多位对接服务"六小龙"的一线干部表示，对企业的发展要保持足够的耐心，做到"无事不扰，有求必应"。

深度求索位于杭州市拱墅区长庆街道，街道办事处副主任项文也表示，街道充分发挥好汇金国际商务社区"店小二""专班化"一站式企服平台作用，帮助申报了杭州C-E类人才，解了员工后顾之忧，让科

技人才能静心研发。

从大学生创业企业、瞪羚企业直到"链主"企业一步步发展，宇树科技落户杭州高新区（滨江）以来，地方政府根据发展不同阶段给予专项扶持政策。

杭州高新区（滨江）经信局产业发展科科长叶松耸表示，现阶段通过收储、改造存量厂房，为企业四足及人形机器人的生产腾挪出空间，满足企业未来3至5年的产能扩展需求。

"六小龙"的出圈，还在于科技强市助力产业超前布局。

六家企业，有一半位于杭州城西科创大走廊。杭州城西科创大走廊管委会主任孔春浩说："城西科创大走廊是举全省之力打造的高能级科创平台，是浙江建设教育强省、科技强省、人才强省的重要抓手。我们持续推进教育、科技、人才一体改革发展，推动科技创新和产业创新深度融合，助力科技企业崭露头角。"

"坚持做好'难而正确'的事，持续紧跟科技发展创新潮流，不断推动杭州成为科技成果转移转化首选地。"杭州市国有资本投资运营有限公司党委委员、副总经理许宁说。

多年的资源汇聚，促使杭州产业生态厚积薄发。从生成式人工智能、人形机器人，到量子科技、脑机接口、未来网络等，杭州和浙江其他地区都秉持长期主义，持续布局产业新赛道，不断拓展产业新

天地。

　　杭州连续 14 年入选外籍人才眼中最具吸引力的中国城市，开放包容的创新生态、鼓励试错的创业氛围，让杭州成为年轻人创新创业的热土，为高新科技发展不断提供有生力量。

推动更多"六小龙"脱颖而出

　　在新一轮科技革命中，高水平人才及科创企业的特质及评判标准已发生变化，杭州"六小龙"的迅速成长与"破圈"证实，为具有极强创新活力的人才和企业提供适宜的"土壤"和"阳光雨露"，有助于推动一批高科技企业迅速脱颖而出。

　　位于中国（杭州）人工智能小镇的强脑科技，注册成立于 2018 年 12 月，合伙人何熙昱锦说，来到余杭以后，感觉千里马终于遇到了伯乐。小镇提供了上下游产业链、资金、政策的全方位帮扶，产品推进也有了"加速度"。如今，强脑科技已完成约 3 亿美元融资并投入研发。

　　"布局未来产业，要摒弃唯头衔、唯'帽子'的人才评价标准，关注具有'极客化'、差异性的核心技术，以及有跨界特质的青年人才。"之江实验室发展战略与合作中心主任董波说。

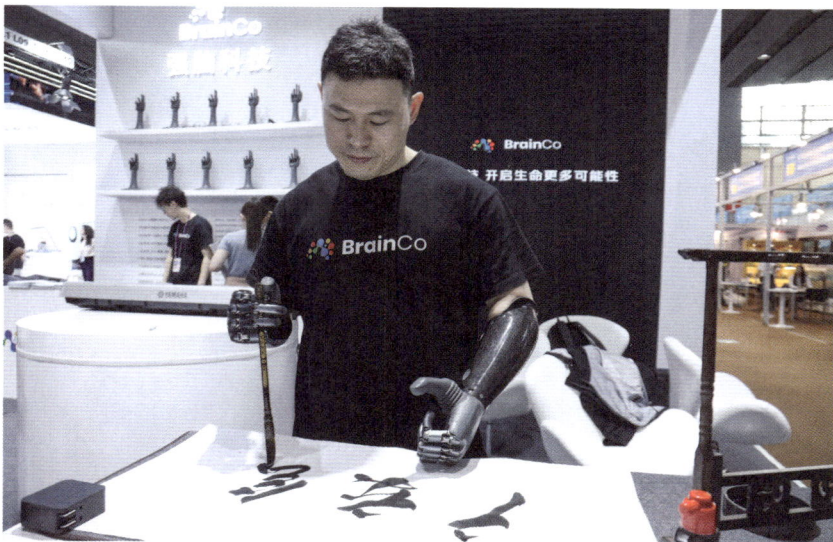

2024 年 4 月 15 日，强脑科技员工倪敏成在第 135 届广交会上展示智能仿生手。失去双前肢的倪敏成佩戴智能仿生手后，生活能够自理，还能写书法。（新华社记者刘大伟摄）

"对于初创企业，要建立完整的'陪伴式成长'政策，不断完善'一企一策'，提供精准服务，及时解决企业发展难题，营造良好的营商氛围和创新创业生态。"宇树科技市场总监黄嘉玮说。

近年来，围绕未来产业，杭州推出"前沿技术发现—应用科研攻关—成果转化孵化—产业培育壮大"的未来产业全链条培育机制，强化企业科技创新主体地位。

据了解，在资金保障上，杭州提出市财政科技投入年均增长 15%
以上、市本级每年新增财力的 15% 以上用于科技投入，统筹现有产业
政策资金的 15% 集中投向培育发展新质生产力；在人才引育上，持续
优化人才的引育、评定、服务机制，遴选具有成长为顶尖人才潜力的培
养对象，给予连续支持。

"以真材实料的政策支持、真金白银的资金投入、真心实意的服务
保障，构筑良好的'热带雨林式'创新创业生态。"杭州市科技局党组
成员、副局长俞钧说，创新从思路一直到最后落地，都需要有资金、人
才、政策保障，驱动创新成果真正落地。

浙江大学中国新型城镇化研究院院长张蔚文认为，从"六小龙"的
异军突起来看，以"特色小镇化"的理念打造创新创业平台，推动产业
集聚区域"生产""生态""生活"融合，以"产业＋文化＋旅游＋社
区"模式打造更好的发展环境，服务呵护企业和创新人才，能让企业更
有活力、创新更活跃。

（王俊禄、朱涵、张璇）

DeepSeek 的深度求索与深度改变

2025 年新春，全球现象级的科技创新——DeepSeek 大模型，引发了市场对人工智能的重新思考。

如同其中文名"深度求索"，DeepSeek 团队通过对算法结构的深度挖掘，带来了新一轮的效率革命，也深度改变了中国科技企业的估值叙事。

专家表示，DeepSeek 的出现会给 AI 行业的演进带来一些深刻改变，如算力市场需求显著增长、应用场景加速涌现、安全攻防形势更加激烈、科技创新生态日益完善等。

算力 市场需求显著增长

近日，记者调研"算力服务商—模型公司—云厂商"产业链获悉，在 DeepSeek 的影响下，算力需求结构、市场规模和竞争格局等将发生很大改变。

　　DeepSeek 技术突破的直接影响是降低大模型训练成本，从而改变算力的需求结构和部署逻辑。

　　一方面，训练成本的降低会引发产业需求结构的转型，推理算力需求会长期呈增长趋势。谈及 DeepSeek 带来的影响，北京识因智能科技有限公司董事长王春辉认为，短期内可能导致高端 GPU 需求增速放缓，但长期来看，由于算力门槛降低，会让推理需求激增，进一步推动算力需求结构从"训练主导"转向"推理主导"。

"整体来看，未来推理算力需求还是会显著增长，但同等智能的模型训练和推理单位成本会大大降低。"易观智慧院院长李智表示，DeepSeek 通过算法创新和开源策略显著降低了对算力的依赖，其高性能、低成本、开源等特性也大大刺激了 AI 应用层的需求。

另一方面，DeepSeek 将改变 AI 算力部署的逻辑。超智算（北京）科技有限公司董事长李欢表示，过去大家习惯把算力集中在万卡、十万卡级别的巨型数据中心，但 DeepSeek-R1 让大模型不仅能在超算上跑，也能在笔记本、嵌入式设备上实现高效推理，推动整个产业逐步从"中心独大"向"中心＋分布式＋边缘"协同转型。

"DeepSeek 充分挖掘了算法、软件、硬件的协同优化，通过工程创新打破了大模型对算力依赖的范式。"清华大学计算机系长聘教授、高性能计算所所长翟季冬表示。

更重要的是，DeepSeek 引发了 AI 应用落地和端侧创新的浪潮，算力市场需求有望显著增长。翟季冬表示，DeepSeek 的开源会进一步加大对算力的需求，尤其是基于 DeepSeek 模型设计的垂域模型会不断增加，这些垂域模型会增强对推理算力的需求。同时，研发人员对 DeepSeek 模型的微调、蒸馏等工作也会显著增加对算力的需求。

北京并行科技股份有限公司董事会秘书师健伟在接受记者采访时提到了经济学的一个著名悖论——"杰文斯悖论"：当蒸汽机出现时，人

们普遍认为，蒸汽机会越来越节能，对煤炭的消耗会越来越少。但实际情况恰恰相反，更高效的蒸汽机降低了使用煤炭的成本，结果导致蒸汽机被更广泛应用，煤炭消耗总量反而大幅增加。

"随着各行业加速数字化和人工智能应用，预计算力需求将长期保持高速增长。"师健伟表示，DeepSeek 在模型结构、算法框架和后训练上进行了不少开创性的尝试，大大提高了算力资源使用效率，降低了大模型使用成本，将引发新一轮模型训练和应用落地的热潮。

此外，DeepSeek 还会改变算力原有的竞争格局，为本土算力公司提供更多发展机会。截至目前，有近 20 家国内主流 AI 芯片企业宣布完成对 DeepSeek 模型的适配或上架服务。

"国内 GPU 算力市场将迎来重大机遇。"网宿科技边缘平台资深架构师陈云辉表示，不止华为昇腾，各类本土芯片都完成了对 DeepSeek 推理的适配，DeepSeek 将加速提升本土算力的市场渗透率。

应用 场景落地加速涌现

DeepSeek 热浪下，AI 行业发展正从硬件基础设施层向软件应用层转移。在应用创新领域，中国拥有巨大的潜力和机会。

李欢介绍，技术进步让大模型在现有硬件上高效运行，再加上

DeepSeek 等开源模型的普及，开发者门槛大大降低，企业可以更灵活地根据具体场景进行二次开发和定制。

翟季冬认为，DeepSeek 的开源能加速人工智能技术落地与迭代升级，人工智能应用将大量涌现。

王春辉表示，DeepSeek 的崛起使模型使用成本有所降低，推动 AI 技术从基础设施层向应用层渗透。AI 技术的逐渐成熟也扩展了软件应用的创新空间，硬件基础设施的发展为软件应用层的暴发提供了支撑。

"相较'转移'这个说法，将硬件基础设施与应用软件的关系称为'并行'更合适。"李智则认为，DeepSeek 出现之前，人工智能普及的瓶颈是硬件基础设施。DeepSeek 出现后，应用生态加速发展，但是硬件基础设施生态还有提升空间，二者的发展应该并行。

陈云辉表示，近年来全球算力基建逐步完善，为应用层创新提供了基础。基础扎实了，业界的关注重点就会逐步向落地场景、软件应用层转移。"但是，这不意味着硬件基础设施就不重要了，算力需求增长趋势并未改变。"

王春辉认为，下一步，应用软件层会产生三大变化：一是 AI Agent 将成为重要的软件形态，提升软件的消费属性；二是垂直领域暴发，政府、医疗、教育、网安等场景将涌现更多轻量化、定制化应用，对场景与技术的匹配度要求更高；三是边缘计算普及，小型模

型（如 7B 参数版）可在普通设备运行，推动低功耗芯片和分布式计算需求。

"中国的机会在于拥有庞大的市场需求和丰富的应用场景，有利于软件应用的创新和落地。"王春辉称，中国科技企业和开发者可以借助DeepSeek 等开源模型，快速开发出具有竞争力的应用，提升在全球市场的份额。

安全 攻防形势更加激烈

在全球数字化加速推进、网络安全威胁日益复杂的背景下，DeepSeek 带来了更多便利，也对网络安全产业提出了更高要求和挑战。

"人工智能相关的安全风险超乎想象。"奇安信董事长齐向东表示，数据隐私安全、认知安全、基础设施安全等三大安全隐忧比较突出。

在数据隐私安全方面，齐向东介绍，有团队发现 DeepSeek 存在漏洞，并可借此获取后端隐私数据、API 密钥等，尽管漏洞很快被修补，但是根据经验，新漏洞会不断被挖掘出来。

在认知安全方面，深度伪造、认知战、钓鱼等风险加剧。奇安信 XLab 实验室 2 月 6 日监测数据显示，全球仿冒人工智能平台DeepSeek 的钓鱼网站数量激增，已突破 2000 个。这些仿冒网站通过

高度相似的域名及界面设计诱导用户，窃取用户隐私数据及账户信息。

在基础设施安全方面，DDos 攻击（分布式拒绝服务攻击）会让人工智能和云基础设施脱节，造成 App 服务瘫痪。针对基础设施的攻击已经出现。2025 年 1 月 28 日，DeepSeek 官网显示，其线上服务受到大规模恶意攻击。

对此，安天科技董事长、首席技术架构师肖新光表示，攻击者通过海量僵尸网络节点发送各种请求连接占用资源，导致普通用户无法正常使用 DeepSeek 提供的服务。

DeepSeek 被攻击事件，再次说明网络安全无小事。"越来越多有组织的专业团队参与，给防御造成了极大挑战。只有政府、企业和用户共同努力，才能构建安全、可靠的网络环境，为高科技产业发展保驾护航。"齐向东表示。

"当然，不用过度焦虑。应对新风险之道来自新技术本身。人工智能带来了风险，同时也提升了安全运营的敏捷性。"肖新光说。

创新 中国力量崭露头角

DeepSeek 的成功，有望带来更多科技领域的创造性突破，深度改变全球对中国科技企业的估值叙事。

DeepSeek 创始人梁文锋表示，过去 30 多年的 IT 浪潮，中国基本上扮演追随者的角色，"随着经济发展，中国应该逐步成为技术创新的主要贡献者"。如今，DeepSeek-V3 贡献了一个更高效率、更低成本的大模型发展样本，也让 AI 行业看到一种可能：虽然训练大模型依然需要大规模显卡集群，但"烧钱"不是行业唯一的逻辑，不是谁烧钱多谁就能赢。

"它背后的母公司幻方资本，在量化交易和智能金融领域有强大技术实力和算力基础。在 2022 年年底 OpenAI 刚推出 ChatGPT 时，国内拥有万卡集群的公司，除了幻方外没有几家。此外，在金融领域会聚了大量 AI 相关人才，也让 DeepSeek 具备了深厚的人才优势。"复旦大学计算机科学技术学院教授、上海市数据科学重点实验室主任肖仰华说。

"DeepSeek 让不少人的心态发生了变化。"肖仰华分析称，过去部分 AI 企业急于求成，忙着刷榜、宣传、变现，而 DeepSeek 心态从容，专注技术探索，允许团队基于好奇心驱动研发，不急于商业变现。在环境因素上，DeepSeek 公司所在地杭州，具备鼓励创新的良好营商环境。地方政府营造了宽容、允许试错和探索的氛围，这对企业发展非常有利。

在肖仰华看来，DeepSeek 的崛起是中国 AI 力量的缩影，一批类

似于 DeepSeek 的人工智能创业公司站上世界舞台。

李欢认为，DeepSeek 的成功展示了中国在大模型技术上的颠覆能力，实现了训练成本和推理能耗的大幅降低，突破了"'烧钱'才能出成果"的固有逻辑。

"可以预见，2025 年将成为中国科技企业在全球层面崛起的重要拐点。中国科技企业不仅提升了自主创新能力，也将使海外巨头重新审视并布局高端技术与供应链。"李欢说。

也有专家提到，要实现中国企业在全球的全面崛起，还面临诸多挑战。王春辉表示，2025 年或是中国科技企业从"跟随"转向"并跑"的关键节点，但全面主导仍需时间。

（窦世平、李雁争）

DeepSeek 的"修炼"之路，还要闯几关？

以小博大，逆袭吊打，曾是修仙爽文、微短剧里让人上头却略显荒诞的剧情，而今，DeepSeek（深度求索）让它在真实世界里发生了。火爆全球超过一个月，DeepSeek 掀起的风暴还在持续，随之而来的还有一波三折的戏码，同行的围剿、跨界的争议……正如影视作品中每一位"爽文大女主"升级打怪时所面对的关卡一样。

誉满天下，谤亦随之，DeepSeek 的"修炼"之路，还要闯几关？

"爽文大女主"出三招

悄悄推出两款模型，即引发硅谷与华尔街的剧烈震荡，让 OpenAI 接连推出竞争产品并免费开放搜索，谷歌一股脑儿发布"满血版全家桶"，国内大厂的旗舰模型也开始免费开放。深有"天上掉馅饼"之感的万千普通用户，倒是想给 DeepSeek 送锦旗了，不过，大家也想知

道，凭一己之力就把曾经高不可攀的全球顶级大模型的价格打下来了，究竟用了什么招？

——"乱"拳打伤老师傅。从架构到工程，从算法到部署，DeepSeek 悟透的是"四两拨千斤"的中国武术古训，不理会"参数规模决定论"，反倒是秀出了数据质量优化与算法架构创新的乘数效应，在看似不可能的壁垒中突围。

——拆掉半壁卫城墙。一般来说，大模型开发者用了英伟达的GPU，也就得用他家的运算平台 CUDA 搞研发。毕竟 CUDA 已经封装好一些函数，后来者使用时直接调用接口搞加工就行，这样的低门槛当然方便资源有限的开发者，但是，这也意味着深度研发执行效率的折扣。

绕过 CUDA，直接基于 GPU 的驱动函数开发，行不行？ DeepSeek给出了肯定的答案。凭借独到软件算法优化，拆掉英伟达"卫城墙"，也就是不必仰赖其 CUDA 生态行事，DeepSeek 走出了一条中国 AI 技术创新的新路子。

——小力也能出奇迹。自从 OpenAI 的 ChatGPT 发布以来，微软、谷歌、Meta 等科技巨头一直在增加与人工智能相关的算力支出。"军备竞赛"式的投入，也催动了美国 AI 芯片股价一路攀升。

就当行业仍困囿于"算力军备竞赛"的思维定式之际，DeepSeek凭借区区 558 万美元训练成本就让 V3 模型达到了 GPT-4o 九成功力，

R1模型更实现以纯强化学习突破推理能力边界，向世界证明，AI大模型的革命，不一定要靠算力堆出来。

是幻觉还是"真香"

DeepSeek的小而精、强且美，是炒作出来的"幻觉"，还是厚积薄发而得的"真香"？

自从在AI江湖中亮出名号，DeepSeek就不满足于追随者，这可以从其开发的一系列原创技术获得证明。MLA、GRPO、R1-Zero……门外汉对着这些字母大概会如坠五里雾中，但是，这些技术合力激发的"聚变"，恐怕是DeepSeek获得140多个国家用户认可的根本原因。北京白领小游说，DeepSeek的回答不像GPT的回答那么干巴巴，像

个只会写材料的书呆子，按部就班安排任务步骤，而像个鬼马精灵，只要你说明目的，她就能拆解和揣摩你的弦外之音、思考怎么实现你想要的："甚至你可以问她一些你都没有答案的大问题。"当然，DeepSeek依然在蓬勃的成长期。以最新的 DeepSeek-R1 为例，虽然其突破鼓舞人心，但学术界用起来还不免有点头疼——面对悠远文明时间中的复杂因果，现代学术论述的复杂规范，DeepSeek 的回答还不免左支右绌。而且，DeepSeek 暂时还不谙图像处理，回应大规模用户需求也有"体力不支"的情况，这些困难都意味着，DeepSeek 的修炼，"高原期"刚刚开始。

如何学习文明的智慧

技术革命的浪潮里，没有永恒的王者，只有不断的超越。具体到AI 领域，大家的共识更是：充满不确定性、一直充满热度，但不乏过度反应。无休止的波动，折射出的，其实是科技进化的深层图像——人工智能，就好像之前种种引发文明革命的重大科技进展一样，前进路线并非笔直的线性轨迹，而是永恒的螺旋。谁来驱动这螺旋？不论DeepSeek 参演的是爽剧还是正剧，角色与剧本背后的导演还是人类自己。如果说 AI 是普罗米修斯之火，那么人类文明就是在自我颠覆中奔

流不息、江声浩荡的赫拉克利特之河。 我们最珍贵的不是回答和解决已有问题的能力，而是发现新问题的智慧、定义新问题的勇气——这更需要创造性与想象力。DeepSeek 式创新的下一次突破，其通关密码，就生成于向文明深处寻求思考变革的努力中。 以文明赋能人工智能，人工智能的"飞升"时刻，也许就会到来。

（张漫子）

宇树科技：引领全球机器人革命的创新先锋

　　双足机器人在央视春晚的舞台上整齐划一地扭起"机械秧歌"，全球首个全尺寸电驱人形机器人以 4.3 米／秒的速度冲刺并完成空翻，工业级机器人深入火场、攀爬泰山执行高危任务——这些充满未来感的画面，不再是科幻电影的想象，而是一家中国科技公司正在书写的现实。

　　杭州宇树科技，这家从大学生创业团队起步的企业，用不到十年时间，从实验室里的一个创意"XDog"，成长为全球四足机器人市场的霸主，人形机器人赛道的领跑者。它不仅是首个将高性能机器人价格"打"到消费级的企业，更以 60%—70% 的全球四足机器人市场份额，让"中国智造"成为机器人领域不可忽视的力量。从北京冬奥会开幕式到美国超级碗舞台，从杭州亚运会到全球工业巨头车间，宇树机器人正以硬核科技实力，重新划定智能时代的疆域。

从大学生创业到行业领军者

宇树科技诞生于创始人王兴兴在上海大学攻读硕士期间的一个创意——2015年，他设计的四足机器人"XDog"在网络上引发轰动，吸引了全球科技爱好者和投资者的目光。2016年，宇树科技正式成立，并落户杭州高新区（滨江），开启了一段从大学生创业团队到全球机器人行业领军者的传奇历程。

2024年11月7日拍摄的杭州宇树科技有限公司展厅内的四足机器人。（新华社记者韩栋晖摄）

作为全球首家公开零售高性能四足机器人并实现行业落地的公司，宇树科技凭借自主研发的核心技术迅速崛起。其四足机器人销量占据全球出货量的 60%-70%，大尺寸通用人形机器人出货量全球领先，业务覆盖全球 50% 以上的国家和地区。成立至今，公司累计申请国内外专利 180 余项，授权专利 150 余项，展现了强大的技术积淀和创新能力。

宇树科技的成就不仅体现在商业层面，更在于其产品的全球影响力。从 2021 年央视春晚的舞台表演、2022 年北京冬奥会开幕式，到 2023 年超级碗赛前表演，再到杭州亚运会和亚残运会，宇树机器人多次登上国际级舞台，向世界展示了中国科技企业的硬实力。与此同时，其产品被央视、BBC 等权威媒体广泛报道，成为全球机器人领域的标杆品牌。

宇树科技市场总监黄嘉玮指出，公司的高速发展离不开三大核心策略：

技术自主——从核心零部件到运动控制算法，宇树坚持全链条自主研发，打破国外技术垄断。

人才集聚——公司 90 后员工占比超 80%，近两年团队规模翻番至 500 人，形成年轻化、高密度的创新引擎。

场景深耕——工业端聚焦高危作业替代（如消防、电力巡检），消费端探索家庭服务与娱乐，逐步实现从"工具"到"伙伴"的转型。

定义机器人新物种

奔跑、跳跃、翻转、学跳舞、会功夫、可折叠、能自主思考、拥有柔性电子皮肤……机器人已不再是冰冷的机械装置，而是进化成兼具力量、智慧与适应性的"新物种"。

宇树科技用十年时间，将科幻小说中的想象化为现实：四足机器人翻山越岭如履平地，人形机器人空翻跳跃灵动如体操冠军，机械臂精准

2025年3月1日，在杭州宇树科技有限公司的产品展示中心，人形机器人和四足机器人在工作人员控制下做动作。（新华社记者翁忻旸摄）

调配奶茶误差毫米级……这些突破不仅是技术的胜利，更是对"机器能否拥有生命"这一哲学命题的实践回应。

四足机器人：从"XDog"到工业级王者

宇树科技的产品迭代史堪称一部技术进化史。从早期原型"XDog"到 Laikago、Aliengo、A1 等系列，四足机器人不断突破性能极限。2021 年推出的消费级伴随仿生四足机器人 Go1，以 4.7 米/秒的奔跑速度刷新行业纪录；2023 年升级版 Go2 搭载 4D 超广角激光雷达，感知系统提升 200%，结合 AI 大模型，成为"具身智能"的典范。

工业级四足机器人 B2 系列则展现了宇树在极端场景下的技术统治力。B2 最高奔跑速度达 6 米/秒，具备卓越的地形适应性和持续楼梯攀爬能力，即使在湿滑或崎岖环境中也能稳定作业。搭载激光雷达、机械臂等设备的 B2 系列已广泛应用于石油化工、电力巡检、消防救援等领域，为行业提供高效、安全的解决方案。

人形机器人：开启通用智能新时代

2023 年，宇树科技仅用半年时间便研发出通用人形机器人 H1，并实现量产交付。H1 以 4.3 米/秒的跑步速度创下世界纪录，成为全球首个可完成原地空翻的全尺寸电驱人形机器人。2024 年推出的 G1 人

形机器人更是一次技术飞跃：身高 127 厘米、体重 35 公斤，配备 23—43 个关节电机，最大关节扭矩达 120N·m，可完成动态站起、舞棍等高难度动作。其立定跳远距离达 1.4 米，小跑速度超 2 米 / 秒，灵活度超过人类极限。

G1 的突破不仅在于硬件性能，更在于其智能化内核。通过深度强化学习和仿真训练，G1 的 AI 系统持续进化，展现出强大的自主决策能力。而其首发不到 10 万元的价格，则标志着人形机器人从实验室走向大众市场的关键一步。

生态扩展：构建智能化机器人矩阵

除核心产品外，宇树科技横向布局机器人生态。灵巧机械臂 Z1、运动健身泵 PUMP、4D 激光雷达 L1/L2 等延伸产品的推出，构建了覆盖工业、消费、科研等多场景的智能化生态。其中，4D 激光雷达以超广角仿生设计领先业界，为自动驾驶、智慧城市等领域提供高精度感知支持。

从实验室到产业前线，从舞台表演到高危救援，宇树正以硬核创新重新书写机器人的定义——它们不再是人类的替代品，而是拓展文明边界的新伙伴。

赋能千行百业，重塑人类生活

在海拔 1500 多米的泰山景区登山步道，一位特殊"挑山工"吸引着海内外网友的目光——四肢纤细、身驮重物，健步如飞的银白色机械狗正在进行垃圾负重攀登测试。

"该款机器狗可以更快、更高效地清除垃圾。它是目前市场上奔跑速度最快、技术最为先进的工业级四足机器人之一，具有翻越障碍能力

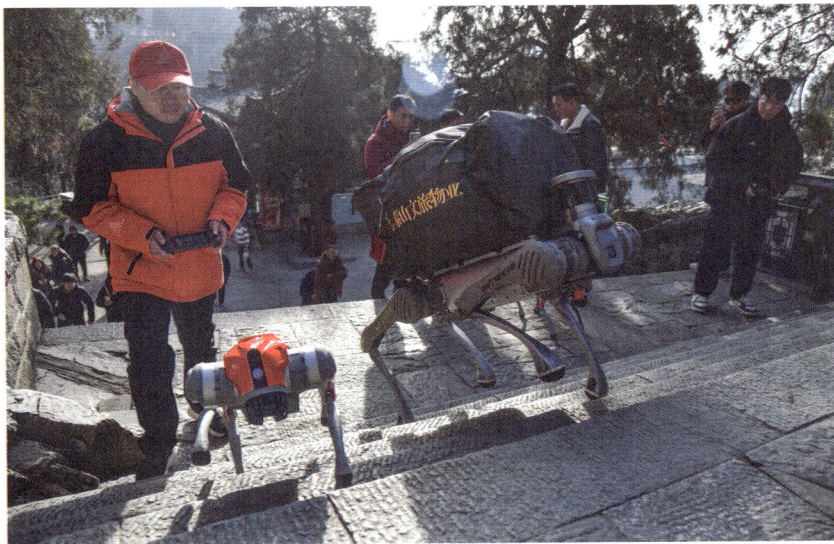

2024 年 12 月 30 日，在泰山中天门附近山道，一批机器狗进行第二次测试。（新华社记者朱峥摄）

强、稳定性和平衡能力突出、负重能力和续航能力出色等性能优势。"杭州宇树科技有限公司技术服务负责人李恩泽介绍，该款机器狗充满电能续航 4—6 个小时，静态最大承载力达 120 公斤。

宇树科技创始人王兴兴预言："未来五年，机器人将在工业和服务业终端产品中大规模应用。"这一愿景正逐步落地：B2 系列机器人除了参与泰山巡检项目外，未来将深入核电站、矿山等极端环境。G1 机器人计划通过教育端普及，最终进入家庭，承担家务、陪伴等角色。公司持续探索 AI 与机器人融合，目标是让机器人在陌生环境中自主完成洗衣、烹饪等复杂任务。

从四足机器人到人形通用智能体，宇树科技以持续的技术突破重新定义了机器人产业的竞争格局。其"硬科技＋商业化"双轮驱动的模式，不仅为中国智能制造树立了标杆，更在全球范围内掀起了一场机器人革命。未来，随着人形机器人走进千家万户，宇树科技或将引领人类步入一个智能与协作共存的新时代。

春晚机器人扭秧歌的科技"秘籍"！

2025 年春晚，一场由张艺谋导演、由杭州宇树科技和新疆艺术学院共同表演的创意融合舞蹈《秧 BOT》令人眼前一亮。

舞台大幕拉开，16 个来自杭州宇树科技的人形机器人——宇树 H1"福兮"，身着花袄、手持花绢，踏着节奏明快的舞步，与真人舞蹈演员一同上演了"AI 机器秧歌"。这场大型全 AI 驱动的全自动集群人形机器人表演，背后是科技与传统文化的碰撞融合。

表演伊始，伴随着喜庆的秧歌调和富有律动的锣鼓点，机器人方阵便由长方形的紧凑队形快速向整个舞台展开，其间机器人动作整齐划一，令人直呼"训练有素"。

据悉，依靠高精度 3D 激光 SLAM 自主定位和导航、多智能体协同规划、先进组网方案等技术，宇树 H1 不仅能够在舞台上确保精准定位和稳定连接，让动作和队形实现"复制、粘贴"的效果，同时强大的集群协同控制系统让它们能及时随舞台变化作出相应调整。

蛇年春晚节目《秧BOT》表演者及工作人员的合影。 新华社发

　　除了脚下队列的整齐划一，"手上功夫"的灵巧多变更是这次机器人演出的一大亮点。扭胯、挑帘、甩手、摆臂、转手绢，形式丰富而活泼灵动的扭秧歌动作被机器人演绎得活灵活现，而这一切少不了一项"秘密武器"——AI驱动全身运动控制技术的帮助。

作为能完成原地空翻的全尺寸电驱人形机器人，宇树 H1 的最大关节扭矩能达到 360N·m，这帮助它完成许多真人表演者都难以实现的高难度动作。同时，宇树 H1 还配备了 360°全景深度感知技术，就像长了许多双眼睛，能将周围环境看得一清二楚，这为其完成如"转手绢""丢手绢"等"技术活"提供了强大的适应性和稳定性。

作为一场人与机器人同台演绎的艺术呈现，如何将音乐和舞蹈的节奏韵律演出来，是机器人表演的关键。据悉，宇树 H1 通过先进的 AI 算法得以"听懂"音乐，不仅能跟上音乐的节奏，还能根据音乐实时调整动作，让跳出来的舞蹈又稳又好看，而非简单的机械舞动。表演行

登上蛇年春晚舞台的人形机器人宇树 H1"福兮"。 新华社发

至高潮，只见机器人一齐缓缓"藏手绢"、快速"亮手绢"、摆臂"转手绢"，一套动作行云流水，伴随着背景音乐中的唢呐，将扭秧歌洒脱的韵律和欢快的氛围传达出来。如此精彩的"人机共舞"，在春晚舞台上并非首次。此前，同样来自杭州宇树科技的机器牛"犇犇"就曾登上2021年牛年春晚与表演者共舞，当时便凭借可爱的外形和灵活的动作引发人们关注。而此次登台的"福兮"机器人，自2023年亮相以来，也有在张艺谋导演的舞台剧《澳门2049》的表演经历。随着人形机器人领域的创新突破，越来越多科技与文化艺术的跨界融合正在"闪亮登场"。

（刘铭翔）

云深处科技朱秋国：播种在云深处的理想

如果说把"科技型企业家"分为两种，一种是有企业家精神的科学家，另一种是有科学家精神的企业家，那么朱秋国无疑是后者。

从浙江大学副教授，到杭州云深处科技有限公司（以下简称"云深处科技"）创始人及 CEO，拥有双栖身份的朱秋国是一位"含科率"极高的企业家。创业 7 年，他带领团队一路披荆斩棘，领跑四足机器人，如今成功踏入更具挑战与未来感的人形机器人世界，以深厚的学术底蕴和敏锐的市场洞察力，推动着技术的突破、行业的发展。

正值深秋，在毗邻浙江大学的云深处，见到了朱秋国。交谈中也能强烈地感受到他对行业的热爱、对未来的憧憬，以及那一份追求梦想的坦率与真诚。他坚信，具身智能机器人将为人类生活带来巨大的改变，但也深知"人类的梦想很远，做机器人的过程还很长"。

2025 年 2 月 10 日拍摄的杭州云深处科技的企业外景。（新华社记者黄宗治摄）

七年蜕变，从"四足"迈向"人形"

2024 年世界机器人大会上，云深处科技首款人形机器人 DR 01 亮相，正式宣告进军人形机器人领域。

行走速度大于 1.6 米／秒，可上下 18 厘米台阶、25°斜坡和随机起伏地形，可实现户外长距离运动。从展示效果看，DR 01 具备卓越的稳定性、平衡性，高度灵活的运动能力、复杂环境适应力，即使面对工作

人员的推拉干扰甚至是背后的突然袭击，都能迅速恢复平衡继续行走。

DR 01 之所以能够具备如此出色的性能表现，得益于云深处科技在其核心产品——四足机器人领域长期积累的宝贵运动控制经验。

一路走来，见证了云深处科技的成长与蜕变。现在回想起创立之路，朱秋国很是感慨，他与机器人的缘分可以追溯到本科时期。

他的学术之旅起始于浙江大学这片学术沃土。本科阶段学的是机械电子工程，在知识的海洋中不断汲取科技的养分，随后，他凭借对机器人领域的浓厚兴趣，在研究生阶段投身控制系攻读控制科学与工程专业硕士学位。硕士和博士期间，他的主要研究领域是双足仿人机器人，并参与了双足机器人"悟空"系列的研制工作，亲身体验到从理论到实践的转化过程，积累了丰富的机器人研发经验。这些宝贵的经历，都为朱秋国日后的创业奠定了坚实的基础。

2017 年，依托浙江大学优渥的机器人资源、优秀的科研团队以及浓厚的创业氛围，朱秋国携手一群志同道合的伙伴，踏上创业征程，创立了云深处科技。

公司成立之初，团队便展现出了强大的研发实力和高效的执行力。仅几个月的时间，就成功推出自主研发的第一代四足机器人。为了给这款具有开创性意义的机器人赋予一个独特且富有深意的名字，团队经过深思熟虑，最终将其命名为"绝影"。

　　"绝影"之名的灵感，来自《三国志·魏书》："公所乘马名绝影"。曹操的坐骑"绝影"以超凡的速度和矫健的身姿驰骋战场，有"一骑绝尘难以超越"的豪迈。

　　团队取用这个名字，不仅仅是为了借其寓意来展现这款机器人在性能方面的出类拔萃，更是怀揣着一份对品牌发展的美好期许，他们期望这个以"绝影"为名的品牌，能够从中国这片广袤且充满创新活力的土地，走向世界，在全球机器人领域中绽放光芒。

2025 年 2 月 10 日，杭州云深处科技的工作人员在动态展示"绝影"系列机器人。（新华社记者黄宗治摄）

随着时间的推移和技术的持续深耕，"绝影"系列四足机器人不断发展壮大，涵盖多个型号，逐步成为云深处科技的核心产品支柱。从最初的"绝影"原型机到如今的"绝影"X30，到轮足机器人"山猫"，再到DR01的登场，每一次的升级迭代都凝聚着团队无数的智慧与心血，见证了云深处科技在机器人技术领域的不懈探索与砥砺前行。

然而，人形机器人的研发之路绝非坦途，充满了重重挑战。在技术层面，如何实现更为稳定、高效的双足行走是亟待攻克的关键难题；如何将感知信息精准融合，使机器人能够像人类一样敏锐地适应环境变化，如遇到障碍时能灵活跨越、迈过台阶等，也是需要深入探索的重要领域；此外，如何为机器人配备智能机械臂，并赋予其强大的操作能力，使其能够在工厂复杂环境中精准作业，乃至在家庭场景中协助人们完成各类家务劳动，更是一项艰巨的挑战。尽管困难重重，但朱秋国始终坚信，人形机器人必将在不久的将来走进工厂、融入家庭，为人类生活带来翻天覆地的变革。

科技落地，展现价值的一方舞台

"科技成果只有转化为实际生产力，产品真正落地应用，才能实现其真正价值。"对于朱秋国及其团队而言，早期投身于机器狗研发的那

段历程，像是在一片迷雾中艰难前行，充满了探索与困惑。

每当他们满心期待地将耗费了无数心血与精力研发出的机器狗展示在众人面前时，总会遭遇一个略显尖锐的疑问："这机器狗到底能派上什么用场？就是用来做些表演，在台上博大家一笑、吸引眼球吗？"这样的质疑声如同一把锐利的剑，刺痛着团队成员的心，也让朱秋国深感沉重。

其实朱秋国对机器人的热爱不仅源于个人兴趣，更源于对其未来发展潜力的深刻洞察。

他内心深处始终怀揣着一个坚定不移的目标，机器人不应仅仅停留在实验室研究阶段，"要能够走出实验室，能够走到室外，最后真正能够帮助人们，去在这种危险的、恶劣的、复杂的这种场景中，真的能代替人帮助人，去解决这样的一些问题。"

尽管理想与现实之间，横亘着一道看似难以逾越的鸿沟，但朱秋国没有丝毫退缩。他带领着团队，努力尝试去探寻各种可能的应用方向，绞尽脑汁地去设想可能的应用场景。

随着对智能机器人研究的不断深入，朱秋国团队经过深思熟虑，逐渐明确了方向，将四足机器人的市场化发力点聚焦在了工业应用上。

从绝影到绝影 pro，绝影 Mini 到绝影 X20，绝影 Lite2 到绝影Lite3 以及最新的绝影 X30，随着时间的推移和技术的不断迭代升级，目前公司自主研发的"绝影"系列四足机器人，已在安防巡检、勘测探

索、公共救援、管廊隧道、金属冶炼、建筑测绘、教育科研等多种应用环境中落地应用，率先参与抗震救灾实战演习，展现出强大的实用价值。而"绝影"系列四足机器人已然成为云深处科技的核心产品支柱，涵盖多个型号，撑起了公司在市场上的重要地位。

值得一提的是，云深处科技成为全球首家围绕电力巡检行业应用的智能四足机器人企业，在中国率先实现四足机器人全自动巡检变电站，为电力行业的智能化发展注入了强大动力。

朱秋国深知，科技创新永无止境。对于未来发展，他有着清晰的认识，目前消费者端的四足机器人缺少明确的应用场景，智能性和交互性还难以满足消费者的期望，这需要整个行业的推动和探索。

此外，他还谈到了 ChatGPT、AI、软体机器人等颠覆性技术对于行业的影响，对于这些技术变量，朱秋国也在保持关注，积极思考如何将这些前沿技术融入机器人研发中，推动产品持续迭代升级，使其更加好用、易用，从而创造更多价值。他坚信，只有不断创新，紧跟技术发展潮流，才能在激烈的市场竞争中立于不败之地。

长期坚守，以耐心拥抱可及未来

追溯朱秋国与机器人的不解之缘，还在大学期间的他，如同许多怀

揣梦想的年轻人一样，被机器人的无限魅力所吸引，机器人世界杯，这个会聚全球人工智能与机器人技术领域科研精英的舞台，如同四年一届的世界杯足球赛一样，充满了激情与挑战，吸引全球众多人工智能与机器人技术领域的科研人才参与，朱秋国就是其中之一。

机器人世界杯创立之初即定下了一个宏伟的终极目标：到2050年，一支由仿人机器人组成的球队能够与人类球队展开较量。也有人预测，2045年能组建一支人形机器人的足球队打败英格兰队。

机器人能踢赢人类吗？朱秋国不知道，他只是在拼命努力书写答案，要做行业里的头部企业。"即使当下的技术并没有那么成熟，但只要你朝着这个方向去努力，付出一定是会有价值的。"

"国家现在也在强调实现'中国梦'，我们也是带着情怀来做这些事情，我们不能总是仰望他人的成就，中国人在机器人领域同样可以有所作为！"朱秋国说道，"我们的使命，就是要把这个领域里，别人做到最好的东西，我们要努力跟上，我们也要有东西可以拿出来。"

云深处科技之所以能够在激烈的市场竞争中崭露头角，离不开其强大的人才团队。目前，公司拥有200名员工，其中研发人员占比就超过三分之一，他们大多毕业于机械、电子、自动化控制、计算机、人工智能等专业，形成了一个多元化、富有创造力的人才矩阵。"人才的聚集，为未来的一切可能带来信心和底气。"朱秋国深刻明白，机器人研

发是一个高度复杂、多学科交叉融合的领域，犹如一座宏伟的大厦，需要不同专业背景的人才齐心协力，共同构筑坚实的基石。"从机器狗的设计到材料的真正仿人，能否做到工艺的极大提升……"这些都在探索阶段，需要研发者孜孜以求的攻关，也需要市场先行先试的反馈，更需要广大用户的耐心与守望。

"一个真正的好产品，是要能够解决用户的痛点，能够替代人类进入到恶劣、危险、复杂的环境中执行任务。我希望看到'绝影'机器狗能够在很多行业领域落地生根，这对于我们来说，才是真正的价值所在，也是我们的使命。"朱秋国说，世界上从来不缺解决困难的人。困难，是用来打倒的。在朱秋国看来，创业群体无论是怀揣梦想的高校老师还是年轻人，都有着巨大的发展潜力。"若能在其创业初期提供启动资金、办公场地等政策支持，不仅能激发创业者们的积极性和创造力，更能在全社会营造良好的创业氛围，促进经济的多元化发展和创新活力的持续涌现。"

回过头来，朱秋国始终坚信，企业的发展与社会责任紧密相连，犹如鱼水相依，不可分割。云深处科技自创立以来，始终秉持着"为用户创造价值"的使命，将其贯穿于企业发展的每一个环节。无论是四足机器人在危险环境中执行巡检任务，保障生产安全；还是人形机器人未来在工厂和家庭中的服务应用，提升生产效率、改善生活品质，都淋

漓尽致地体现了公司以科技服务社会的初心。在朱秋国看来，科技型企业作为社会创新发展的重要力量，应当积极发挥自身技术优势，勇于担当社会责任，为解决社会问题贡献智慧和力量，实现商业利益与社会责任的和谐统一、相辅相成。

谈及未来规划，朱秋国目光坚定，信心满满。他表示，云深处科技将继续在机器人领域深耕细作，不断加大研发投入，持续优化产品性能。一方面，对现有的四足机器人产品进行精细化打磨，通过技术创新和优化设计，使其更加贴合客户需求，提升用户体验；另一方面，坚定不移地加大对人形机器人的研发力度，积极探索更多潜在的应用场景，推动人形机器人技术的快速成熟与广泛应用。

他满怀期待地表示："我们希望在不久的将来，人形机器人能够走进工厂，凭借其高度智能化和精准操作能力，助力企业实现生产自动化、智能化升级，大幅提高生产效率；同时，也能走进家庭，成为人们日常生活的得力助手，为人们提供便捷、舒适的生活服务。"

"远上寒山石径斜，白云深处有人家。"蜿蜒倾斜的山路并不容易攀登，一如前沿科技探索中的曲折与挑战，但寒山顶上云雾中有人家，证明了路是人走出来的。这是"云深处"起名的寓意，一如他的探索。

（张恒）

中国机器人赢得海外电力巡检"第一单"

在新加坡电力隧道内，来自云深处科技的机器狗"绝影 X 30"作为新成员开始执行巡检任务。这是中国机器人击败国际竞争对手，走进海外电力系统的"第一单"。

近段时间以来，无论是电力隧道巡检，登上非遗春晚的舞台，在野外山地"上山下水"……杭州云深处科技的机器人的每一次亮相，总能引来许多"刷屏"关注。

海外电力巡检"第一单"

在 2024 年，云深处参与新加坡能源集团的竞标时，参与对标的友商包括了波士顿动力的 Spot 四足机器人。业内人士认为，云深处的优势在于，通过大量案例和数据落地，给予了合作伙伴充分的信心。

"机器狗会认路，会'找不同'。一旦隧道内发生紧急情况，机器狗可以率先响应，在无须人员进入的情况下，评估现场并提供实时更新。"新加坡能源集团技术主管 Deric Tang 说。

在智能机器人领域，成立于 1992 年的美国波士顿动力是许多人心中的"珠穆朗玛峰"。它最早脱胎于麻省理工学院实验室，旗下产品囊括双足人形机器人、四足机器狗等，是全球公认的业界标杆。

十多年前，波士顿动力所研发的四足机器人曾多次在社交网络刷屏，受欢迎程度堪比"网红"，也让在浙江大学控制学院从事机器人与机器智能研究的朱秋国感到震撼。

"每当看到其他国家发布了腿足机器人的精彩展示之后，都希望中国也能有这样一家公司，可以全力以赴地去做腿足式机器人，能造出灵巧快速移动、具备高动态平衡能力的机器人。"他不仅这样想，还这样做了。

2017 年，在技术与政策的双轮驱动下，智能机器人作为 AI 技术应用的一条路径，获得了一批嗅觉敏锐的创业者与投资者的关注。拥有超过十年腿足机器人研发背景的朱秋国，带领团队创立了云深处，并给云深处第一款机器狗取名"绝影"，借用三国故事中曹操坐骑之名，寓意疾驰如影、一骑绝尘、难以超越。

机器人"走"出实验室

尽管云深处创始团队凭借多年的技术积累，在运动控制等技术上有着独特优势，已经取得一些阶段性成果，但产品开发和实验室科研仍然存在巨大的差别。

"我们希望把这个技术做深、做实，更重要的是要落地，要走进千家万户。"朱秋国认为，从科研到创业并非不可逾越，"二者都需要坚持，这一点是相通的。"

在云深处成立时，智能机器人的市场前景还不明朗，这意味着他们必须在一个尚未被市场所认可的领域开展创业。"远上寒山石径斜，白云深处有人家。"正如诗句中所说的，蜿蜒倾斜的山路并不容易攀登，也暗合了创业初期面临的处境。

和许多创业团队一样，云深处在创业初期资金短缺，为了维持团队的运作，朱秋国和其他合伙人最初只能自掏腰包。当时的办公场地也无法满足四足机器人需要应对工厂高温高压、管道密集、通道狭窄等极端环境、复杂地形的测试需求。

好在地方政府和社会各界对这家初创企业给予许多关怀，帮助云深处度过了最艰难的初创阶段。相关部门主动对接，送策上门，为企业解决实际困难：提供合适的办公场地，让"绝影"有规范的测试环

2025年2月28日，杨俊（右）在公司为客户介绍一款四足机器人。（新华社记者翁忻旸摄）

境可以"撒欢儿"；将企业纳入"飞天企业"培育名单，主动为企业减免房租减轻资金压力；人才部门帮助云深处申请"西湖英才计划"等人才扶持政策，创投基金也主动为企业提供投融资服务，解决企业发展所需资金。

"当我们的机器人能力不断进步，人们对四足机器人的认识不断增强的时候，人们终会发现机器人无法比拟的优势。"朱秋国说。

创立8年来，云深处让机器人"走"出实验室，进入生产与生活。

各类机器人产品率先在电力、消防、建筑、安防等多个行业落地应用，服务于 200 余家行业级客户，完成在新加坡、韩国、美国等国家的订单。

不问星光，静待花开

面对一个尚在培育中的市场，云深处没有被动等待，而是主动出击。他们不仅研发四足机器人本体，还要面向不同的产业，设计高效智能的解决方案，主动推动四足机器人在各个行业落地。

"我们的技术积累和成果开始开花结果。"朱秋国认为，基于自身技术积累优势，践行根据场景开发产品，是云深处的核心竞争力所在。从起初的绝影发展到如今的"绝影 X30"，四足机器人也已经完成了多次迭代。

新一代四足机器人产品"绝影 X30"在巡检领域已经能够适应 −20℃至 55℃的工作环境，且在废墟、石堆、台阶等非结构化地形还能行动自如执行指定任务。此外，云深处已经完成从四足机器人到轮足机器人的迭代升级，并推出 DR01 人形机器人，探索人形机器人行业应用，帮助人类完成危险、重复工作，提高人类工业生产力与家庭生活质量。

多模态大模型的发展，也为机器人带来更多想象空间。朱秋国认为，垂直小模型的训练需要依靠真实的海量数据来提升对行业场景的认知能力，这正是云深处所专注的领域。目前云深处拥有众多例库，覆盖范围集中在电力、石油、化工、消防等特定场景。如何去训练这些小模型，将是云深处下一个阶段需要去探索的问题。

"大家都有一个梦想，就是把中国的机器人做到最好。这是初心，也是我们想要实现的目标。"朱秋国说，也许未来还会有很多困难和挑战，但无论是行业起伏还是技术迭代，他们都会坚守初心和梦想，这也是不论再难都会坚持下去的理由。

（朱涵）

强脑科技韩璧丞：定义人机连接的中国方案

2023 年 10 月举行的杭州第 4 届亚残运会开幕式上，有一幕至今令人难忘：左上臂缺失的中国游泳运动员徐佳玲，用"意念"控制智能手臂，娴熟连贯地抓握起火炬并点燃圣火。这个智能手臂，正是来自浙江强脑科技有限公司。

作为杭州"六小龙"之一，强脑科技创立于 2015 年，是一家专注于脑机接口产品的前沿科技企业。2025 年 2 月 26 日，新华社记者独家专访强脑科技创始人韩璧丞，请他畅谈脑机接口领域发展等话题。

记者：脑机接口是实现人机连接的前沿科技，目前技术路线根据是否需要开颅分为侵入式和非侵入式，请您介绍一下两种技术路线的区别以及强脑科技的技术方案？

韩璧丞：侵入式和非侵入式脑机接口技术都很重要，他们解决的是不同的问题。侵入式解决的是类似帕金森、失明、癫痫等重度疾病，因为前提是需要进行开颅手术，风险成本相对较大。非侵入式的应用

2025 年 2 月 26 日，浙江强脑科技有限公司创始人韩璧丞在展示智能仿生手。（新华社记者黄宗治摄）

场景更广，比如老年痴呆症、抑郁症、肢体残疾等问题都可以通过非侵入式来解决或改善。

强脑科技采用的是非侵入式技术路线，一直致力于研发"超级传感器"。这个传感器检测的是大脑和身体的神经信息，这样残疾人就可以通过他的"意念"去控制智能手臂或者智能腿，实现身体机能的完整和便利。同样，通过"超级传感器"我们可以干预脑电波，对失眠、自闭症等都有改善作用。

记者：作为具有标志性意义的杭州"六小龙"之一，强脑科技的企

业愿景是什么？

韩璧丞：我们的智能假肢产品正在不断迭代，已经具备了在全国推广的基础。我们希望能在未来的 5 年到 10 年，能够帮助 100 万名残疾人从家里走出去，像健全人一样去感受真实世界的美好。

记者：您觉得 DeepSeek 的风潮会给我国年轻创业者和年轻人带来什么影响？

韩璧丞：DeepSeek 风潮让世界重新认识了中国的技术水平和技术

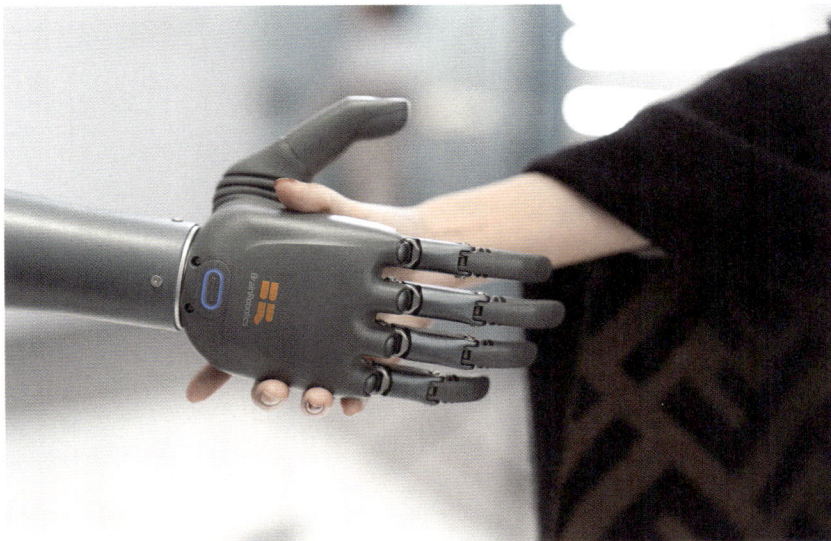

2025 年 2 月 26 日，浙江强脑科技有限公司工作人员在演示智能手臂。（新华社记者黄宗治摄）

能力，我觉得对于我国的年轻创业者、年轻工程师带来的影响都非常大。 在科技最前沿领域，以前我们可能会胆怯，但现在我们知道，只要足够努力，我们也能有全世界最领先的技术，这是一种自信的力量。

（袁震宇、商意盈）

扫码看视频

揭秘杭州亚残运会开幕式背后的"大脑总动员"

秋夜的钱塘江畔，杭州奥体中心体育场变成一方金桂花盛开的舞台。

2023 年 10 月 22 日晚举行的杭州第 4 届亚洲残疾人运动会开幕式上，最后一棒火炬手用通过大脑操控的智能仿生手高擎火炬"桂冠"向全场观众致意，随后点燃主火炬。当科技与梦想相逢，所有不可能将变为可能。

亚残运会开幕式延续了亚运会开闭幕式的文化自信、科技温暖和动人情感，展现"阳光、和谐、自强、共享"的精神。"亚残运会开幕式点燃主火炬的方式是科技和温度相结合的。"杭州亚残运会开幕式总导演沙晓岚在"剧透"时说，科技弥补了身体的缺憾，更夯实了逐梦的信念，赋予了运动员炫奇的未来感。

扑面而来的炫奇未来感背后，是一场基于脑机接口技术的"大脑总动员"。"大脑想做什么动作，仿生手就执行什么动作。"坐在位于杭州

城西人工智能小镇的办公室里，浙江强脑科技有限公司创始人韩璧丞缓缓道出智能仿生手背后的奥秘。

这位长期沉浸于探索人类大脑奥秘的"85后"哈佛大学博士解释，此类融合非侵入式脑机接口技术与人工智能算法的康复辅具，通过采集、处理人体运动产生的肌电、神经电信号辨识使用者的运动意图，模拟人手仿生神经肌肉控制通路，从而实现动作控制，满足人们生活中常用手势需要。

研发智能仿生手需要解决的核心技术问题是什么？

"数据采集。"

韩璧丞坦言，人类大脑被称为"三磅宇宙"，包含约1000亿个神经元，生物电信号非常微弱。这使得隔着皮肤了解人体内部情况存在信息衰减、噪声混叠问题，捕捉收集存在困难。

韩璧丞说，这就像在杭州努力采集北京首都国际机场里一只蚊子扇动翅膀的声音并分析它的飞行情况。

从2015年哈佛大学实验室中十几个人的挑灯攻关，到如今在杭州、深圳、波士顿设立办公室研究脑机接口技术的科技企业，韩璧丞一直带领他的团队走在科技创新和应用拓展的道路上。

事实上，杭州亚残运会开幕式并不是智能假肢第一次出现在公众视野。北京冬残奥会上，残疾人游泳运动员贾红光正是佩戴智能仿生手

完成火炬传递。 前不久的千岛湖畔，本届亚残运会火炬手、射箭运动员叶金燕依靠一条深空灰色涂装的智能仿生腿完成火炬传递。

2023 年 10 月 22 日，最后一棒火炬手徐佳玲在开幕式上点燃主火炬。（新华社记者伍志尊摄）

随着探索"三磅宇宙"的深入，我们距离主流科幻片中呈现的世界还有多远？韩璧丞回应称，主流科幻片中的效果 70% 至 80% 都能凭借脑机接口实现，相信在不远的未来，"意随心动"可以"触手可及"。

韩璧丞办公桌对面的墙上，挂着一幅爱因斯坦的画像，画中的"最强大脑"露出神秘的微笑。

（马剑、张晓洁 ）

游戏科学冯骥：踏上取经路，比抵达灵山更重要

在国产 3A 游戏《黑神话：悟空》尚未收获全民关注度之前，新华社播发纪录片《扬声》第三期"张扬对话冯骥"，独家探访主创团队。作为游戏发布前的全球首发且唯一深度报道，该专访内容迅速登上了各大平台热搜榜首位，成为全网关于该游戏最权威、最丰富的独家信源。

这场三十多分钟的访谈，不仅完成了对传统文化、产业发展等宏观话题的探讨，也对嘉宾人生感悟、创业经验进行全面呈现，将媒体及大众对这一事件的关注，带向了一个不止于游戏本身的讨论方向。

张扬：2020 年的时候，你们当时发了一个单机演示的视频，引起了特别多的关注。您觉得当时这么大量的关注以及好评是出于什么样的原因呢？

冯骥：这件事情首先可以给它定个性，就是它完全是一个幸运的意外，而不是我们本意能够去做到的事情，因为这是不可能的。我们那

个时候其实面临的真正的困难是招不到人，因为我们要做一个还挺难的事情。所以当时其实真的就是作为一个招人视频，顺带宣传一下项目，也许能提高一下项目知名度的考量去发的。那时候我们自己内部觉得这个视频的播放量有 50 万就很棒了，后来超过我们之前设定 100 倍的一个播放量了。

《扬声》第三期：张扬对话冯骥（新华社《扬声》主创团队供图）

当你想做一个能打动自己的事情的时候，它大概率能打动跟你相似的人。人们希望在自己的国家、自己的民族、自己的文化里能够出现让人看得上甚至觉得骄傲的东西。

张扬：是压力还是动力？

冯骥：当时第一反应就是，这个事情可能不见得是因为我们真的做得那么好。我们内部经常开玩笑，国外是一个 90 分的产品，但是也许国内出现了一个 75 分的产品的时候，它只是因为承载了一些大家对这个国家、对这个民族朴素的热爱，然后随着整个软件工业的发展会出现一些商业引擎——它已经附带了非常多成熟的解决方案，你在这个时候只需要把游戏的表现做到你想要的就可以，这是一个技术红利。所以这件事情其实只是我们在一个合适的时间，很幸运地承载了大家的期待。

张扬：会不会也担心达不到大家的预期？

冯骥：每天都在担心，起码困扰了我 4 年。

张扬：您之前说过，当时这个项目的启动是在相对合适的时机，也是一个谨慎的决定。怎么去定义它是一个相对好的时机？

冯骥：八年前我们就很坚信中国的单机市场一定会存在，且一定很大。你会看到其他的文娱市场——最典型的就是电影。这几年随便拉一下数据就能看到，票房前十的电影正在悄然发生变化，我们会看到中

国制作精良的电影开始迅速地蚕食这个榜单，然后我们也看到很多现象级的产品在那个时候已经开始出现了。

张扬：当时有没有一些不同的声音出来？当时在你们具体要开干的时候，真的准备好了吗？

冯骥：我觉得永远不可能准备好。

张扬：《黑神话：悟空》取自中国传统神话故事，当时这么选的考虑是什么？

冯骥：我们做西游题材不会考虑它是不是受欢迎的，它是不是过时了，而是首先想我们自己想到这个题材的时候，我们会不会有激动的感觉。我们觉得以前有关中国的神话，或者这种东方的但是仍然带有魔幻色彩的这些内容的作品还不够，好像还没有达到我心目中要达到的那种境界。我想，我能不能把这个事情做得再好一点？

张扬：当我们大量接触到的是海外的西方神话的时候，我就想，我们用什么样的方式能把中国的神话故事也讲得这么有趣？

冯骥：比如"指环王"的故事，也是几个人组队去完成一个艰巨的任务，这个故事跟西天取经的故事在结构上并不是天差地别的。虽然它们的叙事方式不一样，故事的世界观的设定不一样，但是两者的内核没有那么大差别。吴承恩和莎士比亚没有那么大差别。

张扬：《西游记》的改编也很多，你们是一个什么样的思路？

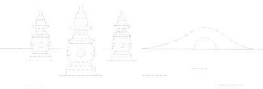

冯骥：我尝试归纳一下。小时候看 86 版《西游记》，之后看动画片，看各种影视改编，那个时候我们的快乐是一种感官刺激。我们觉得孙悟空很英武、很帅，可以跟各种不同的妖怪大战，这是一个对孙悟空、对《西游记》故事的魅力的理解。

再到一个阶段，我们可能不仅关注孙悟空，我们还会关注他的那些对手，思考我们能不能把他的敌人也塑造好。这个敌人是复杂的，他可能有善良的一面，也可能有他不为人知的东西，甚至有敢于直接跟孙悟空去对抗的人格魅力的时候，孙悟空的形象也会塑造得更深刻。经典的东西并不是一个束缚。

张扬：有没有心中最满意的一个形象或者一个场景？

冯骥：如果说怪物的话，哪怕到现在，我们做的怪物的数量远远超过我们发布第一个视频的时候，那时候有一个拿着火刀的狼叫火刀狼，这个怪物是我最满意的怪物之一。在那只火刀狼做出来之后，我们就觉得好像摸索到了一点规律。

张扬：您从什么时候开始觉得自己是一个玩游戏还玩得挺好的人？

冯骥：喜欢玩游戏跟玩游戏玩得好有时候是不能对等的，我们自己叫"人菜瘾大"。感谢父母很早给我买了游戏机，到大学也有电脑了，成绩只要不出问题可能他们也不太会管，最后我也确实靠玩游戏的经验拿到了进入游戏行业的这个机会。

张扬：去了以后和你想的一样吗？你是觉得就好像鱼儿游向了大海，还是说发现这个工作和想的一点也不一样，也有很多的困难？

冯骥：我觉得我会偏向后者。首先是这样的，这个世界上有很多很伟大的游戏，这个游戏让我感觉到幸福，让我觉得这是一个很棒的、大的行业。当我刚加入第一家小游戏公司的时候，我会有一种"天使着地"的感觉。那个时候我甚至会很愤怒，因为觉得这个东西跟游戏性一点关系都没有，为什么我要做一些我自己可能也没有那么认可的东西。那个时候因为很年轻，甚至我会写一些文章来讲，这个行业好像不是我想得那么的光明。

后面真正做了反而发现，即使是做一个那样的游戏，要把它做成还是很难的。你虽然瞧不上这个游戏，但这个游戏你真去做，你就会发现你也不见得搞得定。经历了这个过程，陆续做了几个项目之后，我会慢慢地变得没有那么愤怒了。

张扬：但是想一想，如果您选择了另外一份工作会怎么样？

冯骥：我在大学的时候去中科院生物物理所待了一段时间。毕业设计当时是在那儿做的，当时我就观察到我真的不适合从事生物。

张扬：你怎么去判断你适合什么，不适合什么？

冯骥：实话实说，非常困难。其实人往往最喜爱的东西一定是自己更容易获得正反馈的东西，所以真正要问的不是"你爱什么"，应该

是"你擅长什么"。然后你可能会选择一个领域是自己尝试的领域里面相对来说获得正反馈最容易的。下一步仍然还是需要去专注，你得认真对待这件事。

张扬：大家都在说你们是中国首款 3A 游戏，什么叫 3A？

冯骥：其实它是一个比较模糊的概念，也有非常多的不同的一些解释，有一点是从营销的角度去营造出来的。在我的理解里，3A 游戏首先要投入很高的成本，其次它可能会有很好的画面表现。但是实际上，一个游戏好不好是不能跟这些维度画等号的，最重要的是它得好玩。我玩完了是什么感受？我在这里面能不能体验一种不同的人生？甚至我的某些价值观跟它做了一些碰撞……一个好的游戏是要全部都有的。可能大家会记得，《黑神话：悟空》也是一个花了挺多成本的产品。其实它离一个好游戏还差得很远。我们的目标当然还是要把《黑神话：悟空》做成一个好游戏。

张扬：除了 3A 这个标签以外，还有很多像国风文化、出海等这些标签。我想问的是，"中国传统文化""出海"等这些标签在您看来是手段还是目的？

冯骥：我们虽然承认这是一个事实。因为我们确实是一个中国团队，做了一个中国题材的游戏。说它是中国风，在海外可能有一点影响力，你问目的还是手段，我认为不能把它作为一个目的。

《黑神话：悟空》制作人冯骥向新华社记者张扬介绍游戏幕后故事。（新华社《扬声》主创团队供图）

　　我们还是先从自己出发，务实一点考量，先放下这些，先思考只做一个不带这些标签的产品的时候，是不是也能达到标准？我认为好的文化产品或者内容产品，它应该是先自然地打动了跟创作者相似的文化族群。如果它的品质足够高、持续的时间足够长，它就会自然地辐射到海外，而不是因为盖了一个国风的标签就有了免死金牌，或者你可以低品质。我认为甚至应该有更大的责任感，应该如履薄冰，需要付出更多的努力，去想想怎么能把它和这个世界上最好的产品的品质结合起来。

张扬：我看你们选择的风格是写实的，选择这种风格是不是就意味着很多东西它匹配起来就更难？

冯骥：它不能跟你的日常经验不符，你得不断模拟物理世界，而模拟物理世界很耗性能。所以这里最难的方式就是，怎么能找到一个平衡点，用不多的计算也能让它接近合理。

张扬：所以你们去了很多地方，去扫描那些古建筑？

冯骥：没错。我们在思考一个重要的关卡的关底 Boss 应该在一个什么场景战斗，会想它是一个大的冰湖、一个悬崖，但是当你有一天真的来到一座现实中存在的寺庙，它有非常精巧、完整的结构，这个时候你会完全明白，这里就是它的天命之选，它就应该生活在这里，你就应该在这里跟它完成最后的决战。这样的场景，我们是因为在实地看到了，才决定这个创意可以走这种路数。

张扬：之前你们放出来的片子里，还听到有陕西口音的那个 BGM，那个还是挺有趣的，当时怎么想的？

冯骥：这个最早也是来自杨奇，他设计了一个弹三弦的 NPC。我想把它放在一个大漠风格的地方，然后它又是一个看起来有一些像民间艺人的角色。这时候我们也跟声音的负责人去商量，怎么才能把它结合起来。他提出来试试用陕北说书搭一搭。然后，我想能不能用这个方式去写一些台词，这个台词其实有点像顺口溜，它只是要用那个方式

去演绎。试唱了一下，放到我们游戏的过场动画里，结果惊人的和谐。恰如其分的一种中国元素。

张扬：这么多中国元素放在游戏里面，海外玩家在玩的时候，他们能理解吗？

冯骥：我觉得这个也分两说。新奇感是有的，毕竟这是很少通过游戏作为载体去放出来的东西。但另一方面，这是超越所谓感官上的刺激、画面声音的刺激以外的东西，坦白说是有门槛的。例如，在我们的文化里，或者说在我们中国神话里，"土地公"就是一个非常微妙的角色。

张扬：我们小时候看《西游记》的时候，可能对土地公有很多想象。

冯骥：你仔细观察的话，会发现这个土地公很像人参这样的地里的植物，然后变成了一个精怪，最后可能得到了册封就成了土地。

张扬：这也是咱们小时候看的书里边写的情节。

冯骥：你说他是这个地方的领主吗？他也不是。他是这里的父母官吗？他也不是。他好像就是一个中国特色的小神仙。他虽然管不了这里的妖怪，但是知道这里的风土人情。这种角色怎么定位他是谁非常难。他介绍他是火焰山的土地公的时候，我就发现这个翻译就特别困难。这种时候我们就会停下来，先想能不能去搬海外比较现成、

容易理解的概念，最后我们想到一个词叫 keeper。这个词也许有一种隐隐的意思，能够代表他是知道这里的事情、维持这里的关系的一个存在。

又如等级、经验值，在中国文化里，它可能叫道行、灵蕴。那些独有的，尤其是在中国文化里它是一个名词，而且只指向一个个体的词，我们就直接用拼音的发音，最典型的就是"WUKONG（悟空）"。我们没有用任何其他的翻译，我们觉得这个词就足够好听，而且足够清楚。悟空拿什么东西打妖怪? 他拿的是如意金箍棒。这个词我们当然可以去想，它是一个长的木棍，镀金的棒子。最后我们选择的是"JINGUBANG（金箍棒）"。"WUKONG（悟空）"拿"JINGUBANG（金箍棒）"打妖怪。

张扬：游戏中悟空那个"定"那一下真是挺恰到好处的。

冯骥：说到关键了，可能这是一个真正的难点，就是我们怎么能用一个孙悟空的方式战斗，而不是一看他就是一个套着孙悟空的皮的别的角色。为什么大家会觉得这个《黑神话：悟空》看起来还是挺像想象中的西游的，其实没有什么巧妙的办法，就是老老实实地看原著。最后你看到的"定身术""吹毛"这些东西就是这么来的。

张扬：从一个外行的角度来说，我对这个事情还是比较好奇的，能不能给我们分析一下，为什么我们有这么多的好的题材，直到现在才有

《黑神话：悟空》游戏内场景图（游戏科学供图）

了跟别人已经玩了好多年的游戏一样水平的作品？

冯骥：前面大概提到了，其实这事儿是有门槛的。首先这个门槛在技术上就是很高的，也许十年前，我们要做一款同样的游戏可能需要两倍于现在的人。

张扬：我能理解为以前国外的门槛也是那么高，只不过人家愿意担更多的风险吗？

冯骥：这个就是发展带来的市场格局的变化。国外在没有互联网的时候，已经开始出现挺多的这样的单机游戏，然后就形成了相对比较固定的消费习惯。20世纪90年代末到2000年，当时出现了互联网革命。网络游戏出现之后，中国就跨越了20世纪八九十年代的单机的阶段，直接到了一个人人就可以用PC上网体验网络游戏的阶段。这个在全世界都是罕见的，中国就从一个没有单机游戏的市场变成了全世界最大的单机游戏市场。这个市场不可能一蹴而就，这件事情也是一个很容易被忽略的成本。这个不是由一款游戏去承载，而是你的事业生涯应该追求最后能够跟他们去比一比，去并肩。不可能说我们比一个有20年、30年、40年积累的公司更加成熟，但是我们要做出世界品质，这个心气要有。

张扬：您觉得您是偏理想主义者，还是偏务实主义者？

冯骥：可能会有很多人以为我们就是这样一个团队——一腔热血、理想主义、不顾生死。非常感谢大家把我们想象成这样。但是事实上，

要让这个事情可持续，需要天天琢磨它的可行性。我觉得你这两句话可以结合起来，就是希望自己成为一个务实的理想主义者。有一句话是这么说的："最后让你痛苦的不是远方的高山，而是鞋底的沙子，沙子是无穷无尽的，但是你想走到那座山，就得忍受这样的过程。"你在认清这件事，这个很棒，不就是要认清这些事吗？踏上取经路，比抵达灵山更重要。

（张扬）

扫码看视频
《扬声》第三期
"张扬对话冯骥"

《黑神话：悟空》借游戏 IP 强化优秀文化影响力

2024 年 8 月 20 日，《黑神话：悟空》（以下简称《悟空》）石破天惊——正式在国内外上线，登顶各大游戏平台下载榜单。在业界看来该游戏形成了多个突破，一定程度上反映出我国自主研制游戏的影响力抬升，同时产业更关注游戏的"技术""文化"属性，体现了文化自信。专家建议，游戏作为文化产业中的重要载体，宜借游戏 IP 强化优秀文化影响力，形成更多 IP 效应，为中国文化、中国形象形成更多助益。

登顶下载榜单 市场关注度堪称"现象级"

《悟空》由成立于 2014 年的杭州游科互动科技有限公司出品，是国内首个真正意义上的 3A 游戏（意为高品质单机游戏），这类游戏属于世界游戏市场"金字塔尖"。据了解，《悟空》开发历时近 7 年，以《西游记》为创作蓝本，讲述玩家扮演的"天命人"，为了探寻昔日传说

《黑神话：悟空》游戏内场景图（游戏科学供图）

的真相，踏上一条充满危险与惊奇的西游之路。

"某种程度上说，这是一个发生在我国游戏行业里的奇迹。"浙江省游戏行业协会秘书长赵暄表示，这个项目诞生在以商业化手游为绝对核心的中国游戏市场，属于买断制单机游戏。过去国内想开发这类游戏，面临的是开发周期长、风险大、回报天花板低、人才空白、缺少项目积累、市场需求不明等不利因素，很少有团队愿意尝试，但《黑神话：悟空》做到了许多行业不曾做到的事情，满足大家对国产 3D 动作冒险游戏的期待。

在外界看来，《悟空》创造了一个契机：让全球的游戏爱好者系统地了解西游文化，沉浸式体验东方美学。游科互动创始人冯骥表示，游戏制作是文案和美术概念先行，我们就是要用中国的故事、古迹等

经典文化元素融入游戏。游戏中的怪物、建筑都是有所依托的，源于原著。

值得关注的是，此游戏是国内、国际市场同步上线。中央文化和旅游管理干部学院副研究员孙佳山说，从这个意义上来看，游戏的持续"出海"，也在为总体性坚守中华文化立场，提炼中国经验、讲好中国故事、传播好中国声音，不断提供具有现实意义的标尺和参照，进而实现创新国际传播话语体系、提高国际传播能力的"弯道超车"。

海外多家游戏媒体，对该产品打出 8.0 以上高分，全球规模最大的游戏娱乐媒体 IGN 打出 8.2 分。有不少海外玩家表示本作的推出让他改观"中国产游戏"的印象。英国《卫报》《华盛顿邮报》等媒体都对此进行关注，综合来看评价为"这是一款 2024 年夏天最令人兴奋，也是最具争议的电子游戏。令人惊叹的视觉效果、电影制作美感和令人耳目一新的速度感很可能使它成为迄今为止最佳的寓言改编作品"。

游戏制作能力持续提升　优秀产品不断涌现

业界认为，《悟空》的良好市场表现，也体现出近年来我国游戏市场的能力在资本助力下不断提升，优质产品不断涌现，成为良好的文化现象，背后成功的原因有：

——企业边制作边发布预告片，震撼游戏圈，吸引融资和人才。"开发者总可以找出一个理由不启动，钱不够，人不够，各种方面的条件都不足……如果这样等下去的话，可能永远都不会开始。游科的初心和使命，或许就是做第一个'准备不充分'却愿意踏上这条路的人。"冯骥在接受媒体采访时曾表示。

3A 游戏就是高成本、高体量、高质量。高额的投入成本，让很多游戏行业的中小企业望而却步。为了做成 3A 游戏，吸引更多人才和资本，游戏科学 2020 年公布了首个时长 13 分钟的预告片，一举引爆游戏圈，同时也吸引了腾讯旗下的广西腾讯创业投资有限公司、英雄互娱旗下的天津英雄金控科技有限公司参与投资。冯骥表示，国产游戏的发行离不开国内上下游合作伙伴的通力协作，腾讯 PC 游戏平台 WeGame 为我们提供了游戏接入、市场推广、游戏测试、游戏运营等方面支持，对游戏研发商来说非常有帮助。

——创造和还原，赋予游戏文化生命力。游戏中的猴王凭借标志性的金箍棒和变身能力，再次超越文化障碍，猴王的形象是经典的 IP，但同时该形象一改二次元的风格，创造的形象更加符合"魂"系游戏形象，受到海内外欢迎。据悉，游戏中所有古建筑群建模都来自创作团队遍访全国 27 个区县实地考察，通过一比一的参考还原。由此，该款游戏实现了游戏、文旅两开花，"游戏 + 文旅"的文化创新创造活力探

索，助推国内文化自信氛围。

记者梳理，在游戏发布的热度期内，山西省、浙江省、重庆市等文化和旅游部分官方账号也借着游戏热度为境内取景地进行宣传，展示了游戏中的真实取景地。各大社交媒体上，已经有游客发布亲身前往游

2025 年 1 月 15 日，杭州市西湖区文三数字生活街区 0101PAR 出现了一尊《黑神话·悟空》中"天命人"形象的落叶雕塑，来往路人纷纷停驻拍照打卡。（雷明久摄）

戏中古建筑所在地打卡。游戏产业逐渐从商品型消费游戏，开始向文化性产品的转变。

——渲染技术的使用，"游戏＋技术"的能力结合。《悟空》是通过"虚幻引擎5"制作的。游戏中使用了Nanite技术实现了对几何细节的超高精度渲染。使得游戏中的场景和角色拥有了极其逼真的细节。例如，游戏中的古老建筑纹理、悟空身上的毛发，都展现出了惊人的真实感。

一位渲染技术工程师徐超说，虚幻引擎5是目前全球最好的商用渲染引擎，当前版本的核心新技术是Nanite和Lumen，分别提升了场景几何细节以及光照真实感。

记者了解到，国内厂商也在推动自研引擎的落地，网易目前推出了NeoX、Messiah两个完全独立知识产权的3D引擎，腾讯推出了GiiNEX自研游戏AI引擎等。游戏引擎也正在向游戏以外的行业拓展，与电影制作、智慧城市、模拟应用、建筑设计、汽车生产等领域的联系日益紧密。

业界期盼更好支持游戏产业发展

游戏出海形成文化影响力，提升国家文化软实力和中华文化影响力。据中国音像与数字出版协会发布数据显示，2023年，我国游戏市

场收入首次突破 3000 亿元人民币，用户规模达 6.68 亿人。我国自研游戏海外实际销售收入达 163.66 亿美元，连续 4 年超过千亿人民币。"现在海外市场的收入已经可以占到国内总收入的 30%。国际影响力越发突出。"赵暄说。

而国际上不少国家都在大力支持游戏产业发展。例如，2023 年杭州亚运会期间电竞"入亚"；沙特阿拉伯国家电竞协会主席费萨尔·班达尔亲王 2 月 11 日在沙特首都利雅得举行的"LEAP 2025"科技展上表示，作为其国家电竞战略的一部分，沙特致力于到 2030 年成为全球电竞中心。

纵观全球游戏市场，我国游戏市场在手游领域已占得先机，《悟空》的出现进一步推动我单机游戏市场的影响力。腾讯、网易、米哈游等游戏公司都在近年来加大了游戏出海力度，并取得不俗的成绩，在世界范围也有一定的竞争实力。

业界建议我国可把游戏产业当成重要的文化内容产业进行培育，进行政策支持。对现象级游戏的关注和引导，进一步助力产业实现优质的文化产品持续供给并输出海外；同时，进一步丰富和发展游戏生态，助推我国打造有世界影响的电子竞技赛事，优化产业结构和生态。

（张璇）

群核科技逐梦"空间智能"

近来，以深度求索（DeepSeek）、宇树科技、游戏科学等为代表的"杭州六小龙"热度不断攀升。作为"杭州六小龙"中首个拟 IPO 企业，Manycore Tech Inc.（简称"群核科技"）近日递表港交所，引发市场广泛关注。

业内人士表示，作为空间智能领域的领军企业，群核科技构建了庞大且物理正确的数据集库，专为通过逼真的虚拟模拟训练复杂模型而设计，成功卡位具身智能风口。公司持续布局空间智能生态，凭借 AI 赋能所带来的想象空间，未来或将释放更大成长潜力。

冲刺"全球空间智能第一股"

据招股书披露，群核科技是一个快速发展的设计和可视化云平台，以人工智能（AI）技术和专用图形处理单元（GPU）集群驱动，业务

重点始于空间设计和可视化。各种规模的企业都能在这一平台上创造出引人入胜的设计，并通过实时及沉浸式的视觉效果令这些设计栩栩如生。在平台上打造的设计还可转化为可生产图纸，从而进行自动化和准确的生产流程。

从产品来看，群核科技旗下有空间设计平台酷家乐、海外版产品 Coohom，以及面向室内环境 AI 开发的下一代空间智能解决方案群核空间智能平台（Spatial-Verse）。公司已创立十余年。早在 2011 年，黄晓煌、陈航、朱皓联合创立了群核科技，三人是美国伊利诺伊大学厄巴纳—香槟分校的校友。其中，黄晓煌曾任职于美国英伟达担任软件工程师，朱皓曾任美国微软总部软件工程师、美国亚马逊总部软件工程师，均积累了丰富的软件及工程行业经验。

2013 年，群核科技首款产品酷家乐工具 1.0 上线，开启了 10 秒渲染的新时代；2016 年，群核科技成功打通了从设计渲染到对接生产的全链路赋能路径；2019 年，群核空间智能平台成立；2023 年，群核科技正式发布 3D 云设计赛道首个自研 AI 模型研发的 AIGC 产品——酷家乐 AI。

在群核科技的发展壮大过程中，公司备受资本青睐。成立至今，群核科技已获得包括 IDG 资本、纪源资本、顺为资本、云启资本、经纬创投、Coatue 等多家知名机构的投资，公司估值也不断增长。早在

2019 年 10 月，酷家乐完成新一轮 D + 轮融资，由高瓴资本领投，原股东顺为资本、GGV 纪源资本等跟投此轮融资后，酷家乐估值超 10 亿美元。截至 2021 年最新一轮融资，群核科技估值已超 20 亿美元。

根据弗若斯特沙利文的资料，按 2023 年的平均月活跃用户（MAU）数计量，群核科技是全球最大的空间设计平台；按 2023 年收入计，群核科技是中国最大的空间设计软件提供商，约占 22.2% 的市场份额。2024 年，群核科技的平均月活跃访客数为 8630 万名。

凭借其在空间设计软件领域的领先地位，以及 AI 赋能带来的想象空间，群核科技此次 IPO 被视为冲刺"全球空间智能第一股"。

博星证券研究所所长兼首席投资顾问邢星表示，群核科技获得机构青睐的核心逻辑在于其技术壁垒与市场占位。这主要得益于公司在空间智能领域的领先地位和强大的技术实力，为具身智能、机器人等前沿领域的发展提供了有力支持。尽管当前群核科技尚未实现盈利，但其高估值反映了市场对公司未来成长潜力的认可。

庞大数据集库加速AI开发

让 AI 从虚拟世界走入物理世界，需要具身智能行业的进一步探索。站在具身智能风口之上的群核科技正是连通两个"世界"的桥梁。

在 AI 技术和 GPU 集群上，群核科技沉淀了群核启真（渲染）和矩阵（CAD）两大技术引擎，并构建了一套物理正确的世界模拟器。

据招股书介绍，数据集库是群核空间智能平台（Spatial-Verse）的核心。依托强大的 3D 设计数据集、渲染引擎和空间编辑工具，构建出高度逼真且物理正确的合成虚拟数据集，并模仿真实世界物理特性和空间关系。

具体来看，Spatial-Verse 使开发者能够在虚拟环境中训练 AI 生成内容（AIGC）模型，并增强智能机器人、AR/VR 系统及具身人工智能的认知能力。用户可利用多传感器兼容性进行工业级模拟，并通过与 NVIDIA Isaac Sim 的 OpenUSD 框架对接，实现高保真 RTX 渲染。该技术架起数字仿真与物理现实之间的桥梁，加速人工智能开发，同时降低现实世界的测试成本。

2024 年，群核科技旗下平台利用 AI 功能生成了超过 6.4 亿张图片，包括平面图可视化、电商产品图片、灯光效果图及其他经优化渲染的图片。公司生成合成虚拟数据集的能力进一步增强，能够模拟各种场景和情况。这有助于深度学习、传感器模拟以及在逼真及物理正确的室内环境中训练人工智能。

在未来方向上，群核科技表示，公司将密切关注行业的技术进步情况（如 AIGC 及空间智能），并持续提升研发能力。具体而言，公司

计划持续投资于其专有的专用 GPU 集群，从而升级技术基础设施，以支持更高的并发计算任务量。公司亦计划投资于研发以探索新的 AI 应用，例如在建筑、媒体、机器人及其他领域中使用 AI 工具。此外，公司将加强合成虚拟数据引擎，利用空间场景数据集支持创建 AIGC、训练具身人工智能，以及开发 AR/VR 及机器人。

空间智能市场前景广阔

"让未来生活所见即所得"，群核科技布局的空间智能生态，为市场带来无限想象空间。

据了解，空间设计软件与更广泛的空间设计及可视化领域密切相关，在广告、游戏、媒体、建筑及产品开发等领域具有巨大的跨界应用潜力，使企业能够创造沉浸式的互动视觉效果，从而增强客户体验、简化产品设计及改善营销策略。根据弗若斯特沙利文的数据，中国通用设计及可视化软件的市场规模到 2028 年可达到人民币 1572 亿元，而其全球市场规模到 2028 年预计将达到人民币 8195 亿元。

多年来，群核科技拓宽产品种类，涵盖广泛的设计及可视化解决方案，既适用于住宅、办公楼、零售店和商业项目等现实空间，也适用于具身人工智能训练和电子商务产品展示等虚拟环境。截至 2024 年 9 月

30 日，群核科技的产品遍及 200 个国家及地区。

群核科技表示，其开放式的平台架构可实现无缝的数据互操作性、持续的平台升级及可扩展性，为各个垂直产业的广泛应用带来巨大潜力。

邢星认为，随着技术的不断进步和应用场景的不断拓展，空间智能将在智能制造、智能交通、数字文旅等多个领域发挥重要作用。 然而，行业也面临着技术突破、市场竞争以及数据合规性和信息安全等方面的挑战。 可以说空间智能行业正处于"技术突破→场景落地→生态构建"的关键阶段。 具体到群核科技层面，公司凭借先发优势卡位核心环节，若要持续巩固其在空间智能领域的领先地位，需在技术迭代与商业化效率间找到平衡。

（张娟）

第二章

挖掘创新生态繁荣之源，
解析杭州『雨林』生态成因

杭州的创新生态如同一片繁茂的雨林，孕育出众多科技企业。政府的『无事不扰，有求必应』原则，为企业提供了宽松的发展环境。以浙江大学、西湖大学等高校为依托，构建起环大学创新生态圈，推动产学研深度融合。人才政策的持续优化，吸引了大量青年人才投身创新创业。资本的精准投入，为科技企业提供了充足的发展养分。从DeepSeek的开源创新到宇树科技的机器人研发，这些企业在杭州这片创新沃土上茁壮成长，形成了一个充满活力与创造力的创新生态系统，为城市的高质量发展注入了强大动力。

前瞻布局　实干为要　各方协同

——三个维度解析"六小龙"何以出浙江

2025 年春节前后，海内外舆论热议杭州"六小龙"话题。尤其 DeepSeek（深度求索）的横空出世，让国产大模型从跟跑国际顶尖大模型的阶段，一举跃升至与其并跑的阶段。

从"跟跑"到"并跑"，从"弯道"到"换道"，从"遥望"到"反超"，除了上述已浮出水面的"六小龙"，在不少事关国家战略全局、国际竞争格局的重大科技领域中，一批浙江境内的"蛟龙""巨龙""潜龙"正在成型，积蓄着改变世界的力量。

记者调研发现，"六小龙"崛起与我国多年鼓励创新、呵护创新的环境密切相关。在浙江，"八八战略"引领浙江不断迈向"科技强省"，一批科技创新企业乘着时代发展的东风快速"飞高"。同时，肥沃的创业创新土壤，务实高效的政务服务，多维度、全方位的社会协同，是诞生更多"六小龙"的关键。

循迹溯源："八八战略"以前瞻布局，
引领浙江迈向"科技强省"

近期，以深度求索、宇树科技等人工智能企业为代表的杭州"六小龙"出圈，引起了海内外的高度关注。它们均为"互联网之都"杭州近年来崛起的处于新技术领域前沿、在业内具有影响力的"科技新秀"。

"六小龙"花开浙江，看似是"忽如一夜春风来"，但背后的努力绝非一朝一夕。循迹溯源，浙江在科技创新领域屡有突破，与"八八战略"的前瞻布局、系统谋划密切相关。

2003 年，作为改革发展先行地的浙江迎来发展转型的重大挑战，不得不面临粗放式经济增长带来的资源匮乏以及生态环境、社会治理等方面问题。时任浙江省委书记习近平同志，着眼于"发挥优势，补齐短板"的总体方法论，在广泛深入调研的基础上，作出了实施"八八战略"的重大决策部署。

"积极推进科教兴省、人才强省"是"八八战略"的重要内容之一，在面临人才资源总量不足、结构性矛盾突出的当时，浙江鲜明指出科技创新、人才支撑是构筑新动能、塑造新优势、实现高质量发展的关键。在 2006 年，习近平同志主持召开全省自主创新大会，提出"到 2020 年成为创新型省份，基本建成科技强省"的战略目标。

这个目标在浙江"一石激起千层浪"，在全国也引起不小的轰动。科技创新一时成为热门话题。在习近平同志看来，建设创新型省份，建成科技强省，这是时代赋予浙江的历史使命。

一项项强有力的举措，如同擂响的战鼓，推动浙江走上科技进步和自主创新之路。2002—2007 年，浙江全省研究与试验发展经费内部支出由 54.29 亿元增至 281.6 亿元，五年翻了两番多，从全国第 9 位上升到第 6 位。研究与试验发展经费占 GDP 比重由 2002 年的 0.68% 增至 2007 年的 1.5%，从全国第 15 位升至第 6 位。截至 2007 年上半年，全省共有 25 家国家认定的企业技术中心、362 家省认定的企业技术中心和一大批市认定的企业技术中心。

作为一项长期的发展战略，"八八战略"不仅为浙江指明了前进的方向，也为全省的教育与科技发展奠定了坚实的基础。根据该战略，浙江致力于提升科技创新能力，打造一流的科研平台，并通过政策支持吸引国内外顶尖人才。

2003 年，在全省人才工作会议上，习近平提出"三个坚决"：坚决冲破一切影响人才发展的陈旧观念，坚决冲破一切束缚人才发展的做

法和框框，坚决冲破一切禁锢人才发展的体制障碍。多年来，浙江科技工作者常说：习书记是我们的"后勤部长"。在习近平的要求下，各级党委、政府对科技工作者的支持更多了，为他们解决了不少实际生活问题，在待遇上也给予适当倾斜。

2023年9月，习近平总书记考察浙江时强调，浙江要在以科技创新塑造发展新优势上走在前列。要把增强科技创新能力摆到更加突出的位置，整合科技创新力量和优势资源，在科技前沿领域加快突破。立足新征程、新使命，浙江深入实施科技创新和人才强省首位战略，坚持教育、科技、人才一体化发展，通过系统性谋划，为推进共同富裕和中国式现代化建设提供了有力的科技和人才支撑。

实干为要：聚焦创新强省目标，一任接着一任干

二十多年来，浙江历届省委、省政府牢记嘱托，一张蓝图绘到底，一任接着一任干，如期建成创新型省份。踏上新时代新征程，浙江在科技创新领域勇挑大梁，重点瞄准高端机器人、人工智能、生命科学等

领域，统筹资源支持战略性科技创新平台建设，着力打造鼓励探索、开放包容的创新生态，培育出一批行业领先的科技型企业。

至 2024 年，浙江科技创新能力稳居全国第一方阵，区域创新能力连续 3 年保持全国第四，科技创新发展指数连续两年在国家高质量发展绩效评价的七大类指标中增长最快；科技创新核心指标再创新高，研发投入强度预计达 3.2%，高新技术产业增加值占规上工业比重达 69%；企业科技创新主体地位进一步夯实，企业创新能力居全国第 4，国家高新技术企业累计达 4.75 万家，省科技型中小企业累计达 13 万家；科技人才加快会聚，入选国家引才计划 92 人、全国第一，入选国家培养计划创业领军人才 35 人、全国第二；全域创新体系效能持续提升，9 个城市登上全国城市创新能力百强榜、数量全国第三，杭州连续 3 年位列全球科技集群第 14 位，宁波连续 7 年蝉联"单项冠军第一城"。

加强战略性引领、前瞻布局，集成支持政策激励创新。

龙头引领，区域联动。"六小龙"在杭州的成长成功，离不开串珠成链、聚链成群、集群成势的创新创业载体。杭州"六小龙"中有一半位于城西科创大走廊，城西科创大走廊是举全省之力打造的高能级科创平台，是浙江建设教育强省、科技强省、人才强省的重要抓手。目前，大走廊形成了 1 家国家实验室 + 3 家国家实验室基地 + 28 家全国

重点实验室＋5家省实验室的高能级科创平台体系，并集聚了浙江大学、西湖大学等12所重点、新型高校，形成以大学、大装置、大科创平台为核心，众多科技孵化器、科创园、特色小镇为平台的创新生态圈。在省域范围内，形成以杭州城西科创大走廊为主平台，宁波甬江、温州环大罗山等为重要支撑的科创走廊体系。

此外，"六小龙"均落址在特色小镇或靠近特色小镇的周边区域，小镇的产业链条和发展基础助力创新企业脱颖而出。如强脑科技落户的余杭区人工智能小镇于2017年正式启用，是浙江省第五批省级特色小镇。该特色小镇以技术创新为发展定位，努力打造具有全球影响力的人工智能产业发展高地。强脑科技团队于2018年落户后，小镇提供了上下游产业链、资金、政策的帮扶，目前强脑科技已完成约3亿美元融资并投入研发。

支持重点企业，提升原始创新能力。浙江统筹各级科技专项资金，布局一批高能级企业创新平台，推进以企业为主体的应用技术创新和先进产品开发。例如，支持杭州宇树科技有限公司建立省级企业研发中心，提供知识产权奖励、研发补助、科技企业资助等扶持资金超2500万元，助力企业突破智能人形机器人总体结构设计、全身运动控制算法、复杂环境自主作业模型等关键核心技术，加快量产全球领先的通用人形机器人UnitreeG1、H1等产品。

瞄准"卡脖子"问题，加强前瞻布局。抢抓新一轮科技革命和产业变革机遇，强化要素支撑，塑造高质量发展优势。例如，为满足DeepSeek 的巨大算力需求，杭州市专门协调解决 32 亩工业用地和 3.1 万吨标煤能耗指标，支持企业建设高度定制化智能算力中心，推动国产大模型 DeepSeek-V3 问世，其解决复杂问题能力全球领先，且训练成本仅为美国 GPT-4o 的 1/20。支持中昊芯英（杭州）科技公司运用公共算力资源，自研中国首枚高性能 TPU 架构 AI 芯片"刹那"并实现量产，单位算力成本仅为海外同类 GPU 的 50%。

强化企业科技创新主体地位，保持战略定力，奉行长期主义，提升增值化服务，打造鼓励探索、开放包容的创新生态。

优化营商环境，"无事不扰，有求必应"。推动形成科技型中小企业铺天盖地、高新技术企业顶天立地的局面。宇树科技是全球首家公开零售高性能四足机器人，其四足机器人销量占全球出货量的 60%—70%，大尺寸通用人形机器人出货量全球领先。2016 年，宇树科技落户杭州高新区（滨江）后，高新区始终耐心陪伴企业从一个名不见经传的大学生创业企业到瞪羚企业，再到"链主"企业一步步发展壮大，根据企业发展不同阶段给予专项扶持政策，同时通过收储、改造存量厂房，为企业四足／人形机器人的生产腾挪出空间，满足企业未来三到五

年的产能扩展需求。

2018 年，游戏科学创始人冯骥带着 7 人初创团队来到杭州艺创小镇创作《黑神话：悟空》，既要面对 AI 算力、算法等的压力与挑战，也要面对"中国做不出 3A 游戏"的行业质疑。企业面对重重困难与压力，杭州选择"雪中送炭"——提供住房、餐饮、医疗等服务，帮助企业解决版号申请、税务审批、拍摄场地租赁等问题，"七年磨一剑"成功推出火爆"出圈"的游戏《黑神话：悟空》。

从制度层面培育耐心资本，真金白银"耐心陪跑"，包容十年不鸣，静待一鸣惊人。以游戏科学、强脑科技为代表的"六小龙"有一些共同的标签：都由年轻科技人才创办，都处于机器人、人工智能最前沿的科技产业领域，都属于民营企业，投入大、周期长、未来收益不确定性高。面对这类"硬核"科技，浙江建立同新质生产力发展相适应的科技金融体制，统筹构建多渠道、多元化融资体系，持续加大对新兴产业和未来产业的支持力度，为创新创业注入金融"活水"。

杭州提出"财政科技投入增长 15% 以上，市本级新增财力 15% 以上用于科技投入，产业资金 15% 投向新质生产力"科技投入政策，完善国资创投基金绩效考核制度，探索尽职免责机制，不以单一项目亏损或未达到考核标准作为负面评价依据，适度放宽投资容亏率，推动国资创投基金"算大账""算长远账"，成为更有担当的耐心资本、大胆资

本。 杭州组建科创基金聚焦"投早投小投科创"、创新基金聚焦"投强投大投产业"，目前两大千亿基金批复总规模已超 1850 亿元，撬动社会资本约 1350 亿元，累计投资金额 725 亿元。

杭州还坚持长期主义导向，延长政府产业基金存续期限最长至 15 年，采取接续投资方式开展长期投资，有效缓解科技型企业投后再融资压力。 宇树科技曾在 2017 年耗尽融资却仍未能实现交付时，一笔来自杭州的融资让它起死回生；杭州科创基金联合道生资本、银杏谷资本两次向云深处科技有限公司接续投资 1540 万元，投资期限达 10 年。

遵循新技术新产业发展规律，营造安心、专心的创业创新环境。

调研中，多位基层干部表示，具备良好品质的企业会有成长期和暴发期，在这些企业成长时，政府有足够的耐心，不会急于催企业出成果、拉产值，充分尊重企业，在做好服务的同时，静候花开。

对于新兴产业法律法规尚未明确事项纳入"沙盒监管"，鼓励入盒企业在风险可控范围先行先试，呵护创新火种。 如孚临科技纳入"沙盒监管"后，在数据流通链式授权、善意使用风险隔离等方面开展创新试点，推出全球首个亿级参数银行反诈大模型。 对于涉企检查，实施"综合查一次"改革，避免重复检查、多头检查，最大程度减少不必要干扰，让企业专心创新。 完善常态化"为企办实事"工作机制，倾听企业困难、诉求和建议，2024 年收集解决科技企业问题 7732 个，建立

涉企问题"快速响应、限时办结"闭环管理机制，问题破解率100%。

开展趋利性执法司法专项监督，摸排司法工作人员违法插手经济纠纷相关职务犯罪线索，通报"远洋捕捞"相关司法案例……2024年浙江全省检察机关开展监督273件，帮助269家企业解除超权限、超范围、超时限等"查扣冻"资金1亿会元，给予企业家"安全感"。

深入实施科技创新和人才强省首位战略，坚持教育、科技、人才一体化发展，通过系统性谋划，共同推动创新生态系统能级的提升。

坚持把教育摆在优先发展的战略地位，大力推进教育现代化，全省各级各类教育主要发展指标达到了高收入国家平均水平。基础研究是科技创新的重要源泉，一流大学是基础研究的主力军，"六小龙"中多个创始人或创始团队为浙江高校培养。如深度求索创始人梁文锋曾就读于浙大电子工程系，其团队正是基于浙大在人工智能领域的研究积累，以"超高性价比"训练出性能匹敌GPT-4的大模型。群核科技的两位创始人陈航和黄晓煌，则是在浙大宿舍的"卧谈会"上萌生了云端算力革命的灵感，如今其三维数据平台已服务全球机器人训练与虚拟现实应用，成为行业的隐形冠军。云深处科技创始人朱秋国为浙江大学副教授、浙江大学博士，宇树科技创始人王兴兴本科毕业于浙江理工大学……近年来，浙江高等教育办学实力显著提升，在全国第五轮学科

评估中，浙江省共有 52 个 A 类学科入选，除浙江大学外，7 所地方高校入选了 9 个 A 类学科，23 所高校的 119 个学科进入 ESI 全球前 1%，其中 3 所高校 13 个学科进入全球前 1‰。

坚持聚天下英才而用之。立足经济社会发展需求，浙江积极制定出台面向各类人才群体的引才政策，鼓励各地打开柔性引才渠道，大力实施海外引才计划。2024 年，浙江省新引进顶尖人才 41 人，每万名就业人员中研发人员数达 207.1 人，新增 35 周岁以下大学生 121 万

宜居余杭。（余杭区委宣传部供图）

人，有力支撑了创新浙江建设。杭州围绕打造青年发展之城、向往之地引才育才，人才、海外人才、互联网人才净流入率连续多年位居全国前列。如浙江强脑科技有限公司创始人韩璧丞是一名"85后"哈佛大学博士生，他和团队的创业始于美国的一间公寓地下室。通过浙江一位知名投资人了解到国内创业创新环境后，韩璧丞萌生了回国创业的想法。2018年年初，杭州市余杭区未来科技城的一群工作人员找到了这个团队，随即毫不犹豫地将其引入杭州，提供了市级科创基金的早期投资，并于2024年继续由杭州创新基金接力，完成两亿元的直接投资。

以"人才不问出处，人人皆可成才"的理念，为各类人才搭建多元平台，全力托举人才成才。借助数字化改革东风，浙江持续推进服务流程数字化改造，积极打造"一站式"人才服务体系，实现人才办事"一站入口"、生活"一码畅享"、服务"一呼百应"。坚持人才无小事，集中解决住房、教育、医疗等人才面临的现实问题，不断营造识才、爱才、敬才、用才的社会氛围，营造出人人皆可成才的社会环境。

创新人才评价机制，把人才评价权还给市场和用人单位。以"六小龙"为例，这几家企业规模普遍不大，属于中小企业，企业的技术骨干都非常年轻，如DeepSeek技术团队平均年龄不足30岁，内部人才认定与传统标准并不统一，对校招和应届生非常友好，岗位面向应届生开放，甚至有些岗位面向"在校生"。强脑科技则招募真正的"极

客"（对计算机和网络技术有狂热兴趣并投入大量时间钻研的人），不看学习、年纪、经验，只要技术"绝对好"。据了解，除了人才政策，DeepSeek 几乎没有对政府提过要求，目前，该企业所在拱墅区长庆街道已帮助企业申报了十多个杭州 C-E 类人才，解决员工后顾之忧。

社会协同：以良好科创生态培育更多"六小龙"

记者调研发现，"六小龙"崛起与我国多年鼓励创新、呵护创新的环境密切相关。以"六小龙"为代表的一批科创企业，乘着时代发展的东风快速"飞高"，背后离不开多维度、全方位的社会协同培育出的肥沃创业创新土壤。

2003 年，浙江以极具前瞻性的战略眼光提出建设"数字浙江"。浙江原来的科技优势并不突出，教育资源发展也不够均衡，但浙江抓住了互联网革命的历史机遇期，随着若干互联网平台企业落地杭州，极大推动了浙江互联网经济的发展，激活了以杭州为代表的城市发展动能。

"数字浙江"拉开了浙江经济新的发展格局，启动了浙江经济发展的主引擎。当前，浙江发展站在了新的起点上，不仅要进一步做大经济总量，同时要进一步提高发展质量，面临的资源要素缺乏、发展动能减弱、发展空间受限、发展不平衡不充分等问题依然存在，不亚于当年

"成长的烦恼"。破解新的"成长的烦恼"，唯有科技创新。

"将创新置顶"——从政府到高校院所、企业、社会，这一点已成为共识，并带来不少启示。

科技创新和产业创新深度融合，激发创新活力。 通过"全要素"协同发力，浙江构建了推动以企业为主导、以项目为载体、以市场需求为导向的产学研用融通机制。2024年，浙江新增国家高新技术企业5100家左右、国家企业技术中心12家、省级科技型中小型企业1.6万家；新增首台（套）装备327项、首版次软件85项、首批次新材料64项。以浙江大学、西湖大学等高水平大学和之江实验室、良渚实验室等省实验室为锚，浙江构建环大学、环科创平台创新生态圈，引导创新资源在区域内高浓度聚集、高频次交流，形成"学科＋平台＋产业"模式。如毗邻浙江大学玉泉校区，环浙大人工智能产业带的首个项目——石虎山基地，离浙大玉泉校区仅有10分钟路程，集聚着10余个创新工坊、30余家初创企业，智能协作机器人、医疗机器人、球形巡检机器人、无人驾驶机器人等多个创新机器人产品正在其中孵化。

"硬核"产业成为资金风口，高度重视市场力量。 民营经济是推动浙江经济持续增长、优化经济结构、提升产业竞争力的重要力量。浙江的资本市场相对活跃，吸引了众多风险投资机构和天使投资人，尤其是互联网资本在2013—2020年期间的投入，为近年来科创"开花结

位于浙江省杭州市余杭区的杭州未来科技城
（局部）。（杭州市余杭区宣传部供图）

果"积蓄能量。 这些资本为科技创新提供了强大的资金支持，助力初创企业快速成长。 同时，资本的汇聚也加速了科技成果的转化和产业化进程。 业内人士称，近五年，投资人开始往硬科技方向转，这是随着产业发展的趋势而来的，"杭州包括浙江范围内的潜力企业，几乎都是从人工智能、先进制造、医疗健康等硬科技赛道跑出来的。"

创新圈"环环相扣"强化全域创新，发挥创新叠加效应。 浙江各地市因地制宜发展新质生产力，互相补位，协同创新。 如云深处科技总部及研发中心在杭州，生产基地在湖州德清，杭州—桐乡—德清联合体入选国家智能网联汽车"车路云一体化"，杭州海康威视、阿里云等数字经济企业为宁波新能源汽车整机生产提供软硬件……业内人士评价，创新圈的"环环相扣"，就像一串珍珠项链，单个珍珠拿出来未必是最夺目的，但是串在一起璀璨无比。 中国科学院院士、北京大学教授梅宏认为，信息技术在持续赋能传统产业，推动其转型升级的同时，也将不断催生新业态。

我国如何培育更多"六小龙"式创新企业？ 业内人士提出建议：

坚持对科研组织机构的研发投入，不断激发创新活力。 科技创新是产业高质量发展的源头活水，要更好地发挥科创机构的科技创新和"筑巢引凤"作用。

注重保持政策的连续性，为企业和科研组织成长营造良好的土壤和

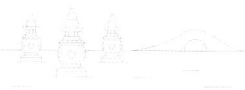

空间。科技创新是不能指望一蹴而就的，需要坚守既有的初心，保持足够的耐心，满怀对彼此的信心，一张蓝图绘到底。半途而废，浪费更大。

坚持因地制宜，警惕"一哄而上"、无序竞争。近段时间以来，"六小龙"引发舆论热议，也激发了各地对于发展新质生产力的深入思考。值得注意的是，近期前往"六小龙"调研考察的各地领导干部、企业界人士络绎不绝，近年来，部分省市在科技创新上的竞争白热化，一些地方开出优越条件挖人，有的地方还提出为企业另建全国总部。

应该看到，"六小龙"成功恰在于找准了比较优势、确定了发展方向，然后拾级而上，"修成正果"。其背后的发展环境和治理之策，是助力科技创新培育出"蛟龙"的秘诀所在。而各地资源禀赋、基础条件不同，经验可借鉴但不能照搬照抄，特别要警惕"一哄而上"、无序竞争，而应当注重统筹协调、错位发展，形成适度、良性竞争格局。

（邬焕庆、王俊禄、朱涵、张璇）

秉承"优势论"勇于"挑大梁"

——浙江扎实推进中国式现代化省域先行观察

二十多年前，我国经济重镇浙江在面临改革开放的成长和发展难题时，旗帜鲜明地以"八八战略"，尤其是其中蕴含的"优势论"，指引之江大地一次次爬坡过坎，留下了一个个改革发展的经典故事。

今天，当进一步全面深化改革、推进中国式现代化的时代担当重任在肩时，浙江立足自身优势，围绕科技创新、改革开放、民营经济等方面聚力突破，在放大优势、再造优势、增创优势中勇挑发展"大梁"，扎实推进中国式现代化省域先行，书写新时代的发展华章。

奋力以科技创新塑造发展新优势

科技部科技评估中心 2024 年 9 月发布的《中国科技成果转化年度报告 2023》显示，2022 年，在被纳入统计的全国 1524 家高等院校转

化科技成果合同金额排行中，浙江大学位居首位。

提高科技成果转化和产业化水平，是我国加快实施创新驱动发展战略的重要举措。立足体制活、企业多、市场兴等优势，推动科技成果转化是浙江勇于挑起的一根"大梁"。

党的二十届三中全会提出，鼓励和引导高校、科研院所按照先使用后付费方式把科技成果许可给中小微企业使用。这一科技体制改革创新思路，正是发轫于浙江。

"'先用后转'为高度非标的科技成果转化探索出一条标准化路径。"浙江省科技厅成果转化处处长金聪说，浙江探索的科技成果转化路径正在向多个省、市推广。

截至 2024 年 8 月底，浙江"先用后转"成果池有共计 5700 余项成果，累计免费试用 1527 次。

把增强科技创新能力摆到更加突出的位置，强化企业科技创新主体地位，加强科技基础能力建设、深化科技体制改革……浙江立足优势，努力在以科技创新塑造发展新优势上走在前列。全长 39 公里、面积约 416 平方公里的杭州城西科创大走廊，被称为浙江的"中关村"。发扬生态、人文、营商环境等优势，这里面向全球广聚青年科创人才。

2023 年，杭州城西科创大走廊新引进博士和博士后 513 名、硕士以上海外高层次人才 1023 名、杭州市 E 类以上人才 10727 名。

位于杭州城西科创大走廊的中国（杭州）人工智能小镇。（新华社记者徐昱摄）

从氯胺酮抗抑郁症机制研究新突破，到协同参与全球首款类脑互补视觉感知芯片"天眸芯"；从区域创新能力 2022 年、2023 年连续两年位居全国第四，到实现省属高校获国家科学技术奖一等奖的历史性突破……浙江科技创新不断取得新成果。

秉承勇气和锐气续写改革开放新篇

一头连着海外大市场，一头连着全国 210 万中小微制造业企业——"世界超市"义乌是推动我国外贸发展的重镇。

2024 年前 8 个月，义乌小商品城市场成交额 1783.7 亿元，同比增

长 21.7%；日均人流量超 22 万人次，创 10 年新高；日均外商数量超 3800 人，同比增长 71.3%。

"义乌改革不停步，为企业带来信心与机遇。"浙江盈和国际物流有限公司董事长程科源说，紧跟义乌市场采购、"先查验后装运"等改革，企业不断创新外贸业态，营收快速增长突破 10 亿元。

助力推进我国高水平对外开放，浙江努力续写深化改革、扩大开放新篇，以"浙江之窗"展现中国改革大美画卷。

2024 年上半年，浙江全省进出口总值 2.56 万亿元，同比增长 7.8%。其中，出口总值 1.90 万亿元，同比增长 8.6%，出口占全国份额增至 15.7%，稳居全国第 2 位。

2024 年 8 月 23 日举行的浙江省委十五届五次全会，提出"三个再、五个更"改革目标：到 2035 年，实现科技创新、现代化产业体系、制度型开放等亟须攻坚克难的短板弱项和关键领域再突破，民营经济、绿色发展、民生福祉等放大优势、再造优势、增创优势的领域再提升，经济总量、城乡居民收入和生活水平等再上新台阶，实现更充分、更全面、更先进、更高质量、更可持续的发展。

"浙江全量梳理具体改革项目，初步提出 380 多项。"浙江省委改革办相关负责人介绍说，这些改革中，有的是对已有改革的持续深化，体现久久为功、绵绵用力；有的是根据党的二十届三中全会精神新推出的

改革，体现全面对标、探路先行。省领导领衔 11 项牵一发动全身的重大改革、7 个专项小组攻坚对应领域重点改革，全面加强高素质干部、高水平创新型人才和企业家、高素养劳动者等"三支队伍"建设，加快形成"改革没有局外人"局面……秉承改革开放先行地的勇气和锐气，浙江勇敢挑起改革开放"大梁"。

将"政府有为"更多体现于推动"市场有效"

民营经济是浙江发展的突出优势：2023 年，民营经济贡献了浙江 60% 以上的生产总值、70% 以上的税收、80% 以上的外贸出口、80% 以上的新增就业岗位和 90% 以上的市场经营主体。

民营经济是推进中国式现代化的生力军。当前我国构建高水平社会主义市场经济体制，正在大力促进民营经济发展壮大。

鲜明提出将"政府有为"更多体现于推动"市场有效"；坚持政策发力、投资驱动、助企解难、环境优化，打造民营经济高质量发展的新高地……高起点上谋新篇，浙江努力探索推动民营经济持续发展壮大。

全国工商联发布的 2023 年度万家民营企业评营商环境调查结果显示，浙江省评分连续四年位列第一。

持续发力营商环境建设，支撑市场经济保持活力。2024 年上半年，

浙江新设企业和个体户 83 万户；截至 2024 年 6 月末，浙江在册经营主体数量达 1065 万户，同比增长 7.6%。

确保产业基金、新增用地、新增能耗支持民间投资项目的比重都要在 70% 以上；"不准限定投标人的所有制形式、组织形式或者股权结构"等"7 个不准"不折不扣落地……浙江创新出台一系列具体务实的举措，大力支持民企发展，推动实现民营经济新飞跃。

2023 年全省生产总值 82553 亿元，同比增长 6.0%，成为全国第四个经济总量突破 8 万亿元省份；2024 年上半年全省生产总值 40920 亿元，同比增长 5.6%……浙江经济增速在经济大省、沿海省份中保持前列。

秉承"优势论"，勇敢"挑大梁"，浙江在奋进中国式现代化新征程上勇当先行者。

（邬焕庆、方问禹）

2016 年 8 月 30 日，雷峰塔和西湖长桥。

（新华社记者张铖摄）

浙江，"创"出一条大路来

区域创新能力连续 3 年居全国第 4 位，企业创新能力居全国第 4 位，创新能力百强榜城市数居全国第 3 位，研发投入强度达 3.2%，30 项科技成果获国家科技奖、省属高校获一等奖实现历史性突破，浙江首创的科技成果"先用后转"做法被写入党的二十届三中全会《决定》……2024 年，一个个属于浙江科技的"高光时刻"接踵而至，鼓荡起强劲的创新发展东风。

火热图景，实干塑造。全省上下牢记习近平总书记考察浙江殷殷嘱托，按照"锚定五年、谋准三年、扎实干好每一年"总体要求，聚焦"改革重塑年、大抓落实年、能力提升年"，向着创新下功夫、破壁垒、攻难关，持续激活发展内生动力，科技创新强、产业能级高、创新主体活、创新生态好的创新浙江已然清晰可感。

加快建设创新浙江　闯出新质发展"浙"条道

推进中国式现代化，科技创新要打头阵，价值不言而喻。习近平总书记考察浙江时提出：要在以科技创新塑造发展新优势上走在前列。这是习近平总书记的殷切期许，是党中央赋予我们的重要使命。浙江必须负起责任、勇挑大梁，立足形势新阶段、需求新变化、事业新要求，答出更多具有全国首创意义、推广价值的浙江"创新卷"。

当前，浙江的创新"体格"已然壮大，但一山放过一山拦，面对又一个爬坡过坎的关键期，更多新的"成长的烦恼"紧随而来：资源要素缺乏、发展动能减弱、发展空间受限、发展不平衡不充分等问题依然存在。传统产业占比仍高达 60%，大量企业仍未摆脱"多模仿少创新、重制造轻研发"的桎梏，科技自立自强之路依旧漫长。

瞄准这些新的"成长的烦恼"，浙江要如何发力，方能打破关隘？

2024 年 11 月 22 日，在省人民大会堂，随着加快建设创新浙江因地制宜发展新质生产力动员部署会的召开，起步快跑、拼搏赶超的发令枪再度响起。令与会同志振奋的是，省委书记王浩在大会上明确提出做深做透教育科技人才一体改革发展、科技创新和产业创新深度融合"两篇大文章"，搭建了加快建设创新浙江、因地制宜发展新质生产力的"路"和"桥"。

航标就在前方，最是催人奋进。省科技厅肩扛省委科技办、教科人一体推进机制会议日常工作等重大职责，感受尤为强烈，信心也尤为坚定。"我们将抢抓机遇、乘势而上，把握政策机遇、战略机遇、机构改革机遇，在迎接挑战中抓住机遇，在乘势而上中实现突破，着力开创科技创新工作新局面。"省科技厅主要负责人表示。

"风口"之上，一揽子科技政策接续跟进，《浙江省科技创新规划和科技计划管理办法》《浙江省科技体制改革和科技政策统筹管理办法》《浙江省科技创新平台基地建设管理办法》等相继落地，无不为创新浙江建设的灿烂征途送来"源头活水"。

放眼望去，全省上下千帆竞发、奋楫争先。杭州聚焦深化改革，加快建设科技成果转移转化首选地，大力实施科技成果转移转化"145行动"，推动形成科技成果全过程全周期服务体系；宁波聚焦全域建设高水平创新型城市，围绕全市域、全领域、全链域，实施科技创新"强基登峰"综合改革，"科教产共同体"入选《国家创新型城市创新能力评价报告》典型案例；绍兴提速建设教育科技人才"三位一体"高质量发展试验区，"扎实推进教科人良性循环，加速培育发展新质生产力"入选"优化营商环境服务浙商发展"优秀实践案例名单……

创新这条路，没有一劳永逸的领先，也不会有一蹴而就的蜕变。于浙江而言，唯有以超乎以往的"闯劲"，统筹处理"顶与底""破与

立""点与面"的关系，方能打开一道道活力的"闸门"，让更多创新活水喷薄而出。

促进平台提质增效　牵动教科人全面一体贯通

党的二十届三中全会明确，要统筹推进教育科技人才体制机制一体改革。如何从根本上推动教科人融合？高能级科创平台无疑就是"棋局"中的"关键一手"。

近年来，浙江充分发挥科创平台在政产学研协同创新、教科人资源一体配置中的独特作用，以高端人才引育、核心技术突破、一流学科建设为重点，建立"平台＋高校＋企业＋产业链"四位一体产学研合作机制，深化科创平台与高校、企业、园区等实质性合作，努力在以科创平台牵动教科人融合发展的体制机制创新上率先突破。

在良渚实验室，一支以"95后"研究员为核心、全力攻坚靶向细胞外基质降解抗衰老项目的科研团队正崭露头角。该项目目前已成功斩获3项国家发明专利，眼下更是即将叩响临床试验阶段的大门。值得一提的是，良渚实验室2024年倾力打造双创博士学院，正是期望为充满朝气与创造力的青年科研人员，搭建广阔舞台、提供重点支持，让他们成为科研创新的主力军。

浙江大学良渚实验室。（图片来源于官方网站）

对此，该项目负责人表示："良渚实验室为我们打通了一个从临床问题到科学研究，再从科学研究反馈到临床问题的平台。对我们的研究有一个大大的加速作用。"

以双创博士学院建设为抓手，如今，良渚实验室正撬动高校、企业、医院等地的人、财、物资源，探索出一条以"博士层级的教育、疾病导向的高科技、双创人才的引育"为特征的教科人一体化发展新模式。

无独有偶，在绍兴，浙江省现代纺织技术创新中心成了以体制机制

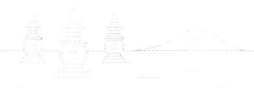

改革促进产业人才引、育、留、用提质增效的典范。"中心与浙江理工大学紧密联系，破除了科研人员职称认定、干部选拔、岗位聘期考核等人才交流障碍，有效促进人才互通、成果共享，把科研成果落在真正需要的地方。"浙江省现代纺织技术创新中心办公室负责人介绍道。

短短两年多，该中心已承担国家级科研项目 14 项，省部级科研项目 33 项，推动全社会研发投入超 5 亿元；累计引进了 12 支国内外一流团队，集聚了国家级人才 10 人、省部级人才 9 人，累计会聚了各类科研人员和硕、博研究生 364 人。

省科技厅主要负责人表示："我们从平台和人才两个关键点入手，制定以高能级科创平台牵动教科人融合贯通的意见和促进人才交流共享推动教科人一体发展的若干意见，从体制机制层面打破壁垒、破解堵点。"

朵朵浪花奔涌，聚成滚滚大潮。在以省科技厅为代表的各界"热支持"下，浙江已探索形成一批科创平台牵动、科教协同育人的有效模式。白马湖实验室和浙江工业大学共建科教融合学院，开辟复合型人才培养新路径；西湖实验室推出"开拓学者"计划，与西湖大学博士后培养机制无缝对接，延长青年科研人才培育链条……截至目前，省实验室、省技术创新中心已从高等院校以及部分重点企业"双聘"人才 520 人，与高校联合培养研究生 1200 余人，招引博士后 700 余人。这

些人才已成为高能级科创平台开展科学研究的重要力量。

做强企业创新主体 推动科技创新产业创新深度融合

"0"变成"1"后，"1"还要变成"10"、变成"100"，实现科研成果从样品到产品再到产业的转化，这是浙江发展新质生产力的重中之重。

眼下，浙江正精准谋划推动科技创新和产业创新深度融合，构写建设现代化产业体系"新"主题，推动形成"市场需求点菜、科研机构做菜、企业吃饭买单"的循环体系，让科技和产业携手走进前所未有的"蜜月期"。

到浙江各地走一走，你就知道科技和产业的融合程度有多深。在杭州市余杭区的浙江优基尔新型材料科技有限公司，生产车间内一台台机器正忙碌地编织着植物纤维地毯。曾经，这家公司以生产传统剑麻纤维编织地毯为主，该产品虽环保耐用，却容易吸水，企业发展一度陷入困境。如今，这些地毯不仅环保耐用，还具备了以往传统剑麻纤维所不具备的疏水性和抗污性。这一切的转变，源于余杭区环之江实验室创新生态圈的助力。

"我们委托之江实验室利用智能计算改良剑麻纤维，使其性能得到

了质的飞跃，市场也随之扩大。"该公司负责人兴奋地表示。之江实验室作为全国首批获批建设的公共算力平台之一，正以其强大的计算能力，赋能产业发展跑出"加速度"。

这样的故事还有不少：在衢州，校地合作成了传统产业中培育新质生产力的有效路径。2024年，衢州资源化工创新研究院启动"特派工程师计划"，以院内派驻企业的科技人员为核心和纽带，解决中小企业技术人才短缺和高水平科研仪器匮乏问题，搭建起科研院所与企业间人才交流、设备共享的桥梁通道，深度赋能衢州当地"6＋X"产业集群。

近期，在浙江大学衢州研究院中试基地，当地一家新材料企业准备在这里中试新研发的半导体芯片抛光液磨料。借助这个"家门口"的中试基地进行中试，企业不仅节约了近1000万元的场地和设备投入，研发到生产的周期也压缩了三分之一以上。

"大型仪器的共享率约占衢州的80%。"浙大工程师学院衢州分院、浙大衢州研究院负责人表示，"浙大衢州'两院'秉持开放合作的理念，面向社会开放，服务化工领域的多元产业集群。各地企业在研发创新进程中有相关需求，均可申请中试服务，我们将全力为其提供技术支撑与资源保障，助力企业突破在科技成果转化之路上的重重困境。"

当视线切向绍兴，天津大学浙江国际创新设计与智造研究院同样在对准企业的"胃口"上下足功夫。该平台创新探索开展的"院—企

联合培养卓越工程师"培养模式，即以企业课题为导向，通过配备双导师，不断培养契合企业发展需求的工程创新人才。目前，平台已与绍兴当地多家龙头企业，如浙江精工集成科技股份有限公司、安徽华晟新能源科技股份有限公司、宁波科诺精工科技有限公司等携手开展联合培养项目，现有30余名卓越工程硕士驻企参与企业前沿课题。

如何体现科技和产业的"融合度"，最终要以现代化产业体系的结构、质量和竞争力来检验。接下来，浙江将继续聚焦人工智能、生命健康、新材料新能源三大科创高地建设，部署实施人形机器人、低空经济、集成电路、量子科技、生物科技等重大科技专项，推动重点产业集群关键核心技术自主可控水平明显提升。

加快建设创新浙江、因地制宜发展新质生产力，使之成为中国式现代化省域先行的鲜明标识，是必然之选、必经之路，也必将前路灿灿。面对这一重大机遇，我们相信，浙江必能在千帆竞发的激烈竞争中"创"出大路，结下硕果，全面奏响之江大地高质量发展的奔腾壮歌。

（童歆涵）

浙里办：服务型政府的浙江"算法"

"浙里办"一切为了更好服务群众的核心"算法"，正以数字化"整体政府"的浙江实践，撬动着省域治理现代化的深层变革

当"浙里办"的发展跨入第二个十年，经过多轮改革提速，静水流深的变化正在发生：政务服务不再局限于办事大厅的物理空间，演化为融合制度创新、技术赋能、人文关怀的治理生态系统

2025 年 2 月 18 日，在杭州富阳区政务服务中心，工作人员引导群众自助办理"一网通办"事项。（受访者供图）

2024 年 8 月，杭州市富阳区利辰房地产公司项目负责人罗振涛遇到一件麻烦事：新建楼盘需要在室外回土前完成水电气网管道接入。这一烦琐操作，意味着要跑 4 个部门、交 14 份材料、等上 1 个月。

工期不等人，罗振涛尝试在浙江省政务服务线上平台"浙里办"提交了快速办理诉求。当天，就有工作人员联系他了解情况，并协助完成水电气网"一件事"联办申报。此后，系统自动将办事任务分派给水务、电力、燃气等部门，7 个工作日内实现了联审联批。

一个普通经营主体的故事，折射出浙江推动政务服务全方位改革的鲜明底色——让群众和企业高效办成事。

2014 年 8 月，浙江政务服务网手机客户端应用上线（后命名为"浙里办"），一个 24 小时不打烊的政务服务线上平台走进浙江人的日常生活。经过持续发展、迭代、升级，如今，"浙里办"已成为浙江老百姓指尖上的"贴身管家"，显著提升了政务服务效能。

目前，"浙里办"拥有 1.3 亿注册用户，日均活跃用户数达 300 万；在国务院办公厅组织的"省级政府一体化政务服务能力"评估中，浙江连续 4 年获评"非常高"。"浙里办"一切为了更好服务群众的核心"算法"，正以数字化"整体政府"的浙江实践，撬动着省域治理现代化的深层变革。

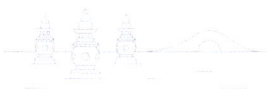

算法一：建设"整体政府"

在杭州工作的金华人小陶，通过"浙里办"提取公积金，实现零材料、秒办结；

临时到台州出差的陈女士，想为自己在温州的公司办理存款账户账号报告，通过"浙里办"找到附近的政务服务中心后顺利办成；

在衢州参保的孙先生，需要变更参保信息，身在嘉兴工作的他打开"浙里办"就能便捷办理……

在浙江，无论通过线上移动端、PC 端，还是线下的政务服务中心窗口、自助服务一体机，人们都能用一套标准办成事。这些便捷服务的背后，是浙江从"四张清单一张网"到"最多跑一次"，再到数字化改革、政务服务增值化改革的"改革图谱"。一个根本性叩问贯穿其间：群众和企业需要什么样的政务服务？

浙江以"浙里办"的高质效运行给出回答：建设"整体政府"。

"企业有需求、群众有困难，不应四处求助、逐个寻找对应部门；办成一件事，不应先研究清楚政府部门内部的复杂分工和流程；企业正常经营，不应反复接受多个部门的多头监管……"浙江省数据局相关负责人说，这些缺乏整体政府理念的做法，会导致办事效率低下、群众感受不佳。

不管哪个政府部门，都代表政府；不管哪一级政府，都代表浙江的治理水平与整体形象——建设"整体政府"，日益成为浙江全省的共识。

"'整体政府'的灵魂是标准化。群众确有所需、企业确有所盼的事，就像各式各样待建的楼房，当我们手中有了大量的标准化'砖块'，就可以高效'盖房子'。"浙江省数据局相关负责人告诉记者，"浙里办"推行"领跑者"模式，在全省征集各事项中数据共享最充分、办理流程最便捷、申报材料最简化、表单字段最精简的做法，将其总结推广，以此推动政务服务事项标准化、结构化、数字化。

目前，浙江 20 余万个政务服务事项已标准化为 3638 个，其中 3093 个接入"一网通办"，实现"一事项一表单一流程"。

2024 年 1 月，《国务院关于进一步优化政务服务提升行政效能推动"高效办成一件事"的指导意见》印发。实现"高效办成一件事"在浙江落地落实落细，成为"浙里办"的新任务。

以新生儿出生"一件事"为例。过去，该事项涉及全省 4 个条线，有 70 余套业务标准，如今已简化为一套办事指南、一套业务流程、一套表单材料。通过"指尖"办理，人们可实现新生儿出生医学证明、预防接种证、落户登记、医保参保登记和社保卡申领等多证联办，证件还能直接邮寄到家，已累计惠及约 100 万个新生儿家庭。

"从政府角度看，卫健、公安、医保、人力资源和社会保障等部门各司其职，本身并没有问题。但站在老百姓角度，办证不该成为'麻烦事'。我们要做的，是从政府视角转为人民视角，从管理视角进化为服务视角。"浙江省数据局相关负责人说。

目前，浙江已上线运行 40 余件关联性强、办事需求大、办事频率高的"一件事"集成服务。在"多部门跑腿"转变为"一站式服务"的真实变化中，老百姓切身感受着"整体政府"的民生温度。

算法二：实现"主动治理"

2025 年 1 月，衢州益钿文化传媒有限公司因部分材料缺失且无法快速补齐，面临开业难题。从"浙里办"点击进入浙江衢州市柯城区的"企呼我应"平台，公司负责人裴海军写下了自己的诉求。

仅仅 5 天后，在市、区营商办及相关部门的协助下，柯城区文化和旅游体育局就按规定为企业"容缺办理"了经营许可证。裴海军如期开业的心愿实现了。

在"浙里办"客户端"互动"栏目首页，"民呼我为"四个字跃然屏上。"咨询""反映""建议""信箱"……一个个按钮彰显着"张开耳朵听民声"的诚意。据统计，2024 年，群众通过"浙里办"向浙江省

"民呼我为"平台反映的事项多达 82.34 万件次。

一枝一叶总关情。"浙里办"聚焦民声，主动破题、积极解题，针对高频投诉事项，创新构建"一类事"治理机制，依托大数据智能研判技术对群众诉求进行全周期管理，努力将"等诉上门"升级为"主动治理"。

一条数据变化曲线令"浙里办"运营团队倍感欣慰：2022 年群众和企业投诉建议 25.7 万件，这一数字在 2024 年降至 6.3 万件。

"这一变化的背后，不是矛盾消失了，而是治理机能在进化。"浙江省数据局相关负责人认为。随着改革持续推进，浙江各地各部门对于政务服务的理解也日渐深入。过去，政务服务往往是"端菜式"供给模式。这一点表现在早期的"浙里办"上，就是用户登录后需要按既有功能去查找办事。如今，"浙里办"正在向"点单式"响应模式迭代。

杭州市民中心

2024 年 1 月，"浙里办"接到了 14 条投诉反馈——在"购买自住住房提取公积金"这一年办件量达 15.5 万的重要事项办理过程中，多位用户反映，线下办理时允许将父母或子女的房产作为依据提取公积金，但线上却不行。

完善办理情形后，浙江省住房和城乡建设厅没有止步于个案修补，而是于同年 7 月启动了围绕 33 个公积金事项的效能提升专项行动，聚焦事项配置不合理、数据共享不充分、服务功能不完善等三类问题整改提升。

像这样"解决一个诉求，带动破解一类问题、优化一类服务"的机制，正在优化政务服务的底层逻辑。"每个诉求都是'漏洞探测器'，同时也是下一步改革的起点。将'一件事'迭代为'一类事'，可以让事项更集成、办事更高效。"浙江省数据局相关负责人说。

一个应用软件，想在功能场景更丰富、使用群体更庞大的基础上，实现用户获取服务更便捷，需要以大数据技术赋能促动治理升维，实现更快更优的办事体验——这正是"浙里办"的升级思路。

想搜索服务却不知道如何准确表述时，系统支持关联词、同义词等搜索方式，帮助用户快速锁定所需服务；办事遇到困难时，"智能问答"功能整合 7 万条业务办理知识，提供一对一服务咨询……搜索精准度达 85.1%、智能推荐事项达 252 件，"长辈版"服务可听可及，"个人"

频道与"法人"频道可以一键切换,"浙里办"正从"能办"向"懂你"进化。

以"一网通办"为基础,浙江省数据局得以把控省内所有事项办理的入口与出口。"数据流转的全流程我们都掌握,可以保证数据的实时性、真实性。这些数据具备很高的决策参考价值,能够让民意转化为精准的改革指令。"浙江省数据局负责人说,围绕事项申报、受理、办理等关键环节,工作人员正在利用大数据开展政务服务效能监测,提升政务服务的快办优办水平。

算法三:拓展"深度服务"

这两年,"浙里办"的故事在社交媒体上频频"出圈"——

2024年清明前夕,金华市浦江县居民盛先生在"浙里办"提交了一条特殊诉求:寻找已故父亲的照片。户籍民警在三十多年前的海量数据中排查,最终从一代身份证底卡中找到了黑白影像。经技术修复后,一张清晰的面容跨越时空与盛先生"重逢"。

"90后"姑娘小王,父母在湖州养殖罗氏沼虾。原本在育苗棚中苗壮成长的虾苗,转移到养殖棚后大量死亡。情急之下,她通过"浙里办"搜索找到对口领域的省农业农村厅及其官微,并在后台留言求助,

很快得到省淡水水产研究所沼虾研究专家的远程技术指导。

浙江高校学生小刘，撰写毕业论文时需要一组湖州市历届含山蚕花节人流量数据，在"浙里办"留下求助信息。次日清晨，湖州南浔善琏镇工作人员就拨通了她的电话，提供所需数据。

"浙里办"服务甚至包括相亲交友、体质测试、泳池测评、线下演出预约……有网友评价，"浙里办"就是浙江百姓"无所不能"的掌上伙伴，让浙江人的幸福感更有说服力。

当"浙里办"的发展跨入第二个 10 年，经过多轮改革提速，静水流深的变化正在发生：政务服务不再局限于办事大厅的物理空间，演化为融合制度创新、技术赋能、人文关怀的治理生态系统。

作为浙江群众和企业办事服务的总平台、总入口，"浙里办"的效能如何更上层楼？方向是，不断拓展服务的深度和广度。

2025 年，浙江省再次明确深化政务服务增值化改革。据了解，增值化改革旨在发挥改革赋能的倍增作用，整合公共服务、社会服务和市场服务功能，用延伸服务开辟政务服务"新赛道"。

在企业的全生命周期中，除了行政审批事务的办理外，还会面临不少疑难堵点。"浙里办"整合涉企服务资源创设企业综合服务专区，集成 500 多个便企服务事项、190 余类法人高频电子证照，实现服务空间"一企一界面"、企业信息"一屏展示"、便企服务"一站即办"。各地

按照省内统一建设规范，先后上线地方特色企业综合服务平台，不断升级服务模式。

"您好，钱塘新区'雏鹰'企业领飞政策已开放申报，申报说明可点击链接前往平台了解查看。"最近，杭州遂真生物技术有限公司负责人陈良锋收到了"企服新干线"平台推送的短信。这样精准匹配企业发展深度需求的政策推送，他已收到过不止一次。

杭州市钱塘区，是浙江省政务服务增值化改革首批试点地区。在"浙里办"点击钱塘区本地服务入口，橙黄色的"企服新干线"政策服务平台图标亮眼醒目。通过行业属性、企业规模、经营数据等9个维度构成的标签体系，该平台为3万多家企业"画像"，归集上线国家和省、市、区政策261个。

近年来，钱塘区打造的企业综合服务中心持续更新人才、科创、金融、政策等8大服务板块及项目服务、数据服务功能，同时统筹政府侧、市场侧、社会侧200多家单位资源，针对服务企业跨部门协同难、资源碎片化等问题，推出290项增值服务。

政府有为，企业有感。"政策第一时间来找企业，真是'及时雨'！"陈良锋感叹，通达便捷的政务服务是一种无形关怀，温暖着创业者的心。

在深耕服务内涵的同时，"浙里办"挖掘数据同源优势拓展服务半

径，让偏远地区群众共享"指尖办""就近办"的便利。

不久前，在丽水市青田县温溪镇的山路上，两位农村商业银行工作人员携制卡设备驱车一个多小时，上门为一位年事已高的龙泉市籍居民办理了社保卡。同样的故事，也发生在台州市三门县沿江村。这个距离县城50多公里的海岛村，年纪大的村民往返县城不便。现在，只需电话预约，工作人员便可上门帮办业务。

"偏远地区居民面临办事难题，这要求政务服务进一步向基层延伸，贯通'最后一公里'。"浙江省数据局负责人告诉记者，浙江依托农商银行基层服务网络，建立起1.3万个"就近帮办"网点，其中偏远山区海岛网点6400个。

从山区海岛到城市窗口，服务触角延伸到哪里，评价体系就覆盖到哪里。在杭州高新区（滨江）政务服务中心，记者注意到一个细节：每个办事窗口前都设有评价器。群众对服务作出评价的瞬间，数据立即流向后台系统，窗口管理科工作人员得以及时了解、响应。

这一设计，揭示出"浙里办""算法"的最深层逻辑——政务服务好不好，最终由人民群众说了算。

（邬焕庆、郑可意）

中国民营经济大省立法优化营商环境
提振发展信心

2024 年 1 月 26 日，浙江省十四届人大二次会议表决通过《浙江省优化营商环境条例》（简称《条例》）。浙江省两会代表委员等认为，《条例》释放出以更实举措优化营商环境、提升企业获得感的清晰信号。

浙江是中国民营经济大省。据了解，《条例》发动了 3200 余名各级人大代表共同参与，调研了 70 余家企业，邀请了 150 余家企业参加座谈，对事关营商环境的市场管理、政务服务、开放提升等多个方面作出了全面系统规定。

"《条例》在政务服务、保障措施上做'加法'，例如提升政策服务精准性实现'政策找人'，在政府监管上做'减法'，明确实行'有事必应，无事不扰'的监管原则。"浙江省委党校法学教研部主任褚国建说。

浙江省政协委员、浙江万丰科技开发股份有限公司董事长吴锦华注

意到，《条例》中规定，对拒绝或者延迟支付市场主体款项的国家机关、事业单位，应当在公务消费、公办用房、经费安排等方面采取必要限制措施。

"企业曾遇到过类似的困扰，《条例》积极回应社会各界对进一步优化提升营商环境的期望和诉求，让我们看到了政府优化营商环境的力度和决心。"吴锦华说，一个可预期的营商环境，能给企业家最大的信心跟底气。

"这样一部法规增强了企业安全感和积极性，在一定程度上，拼经

2025 年 2 月 28 日，游客走在杭州西湖涌金门栈桥上。（新华社记者韩传号摄）

济就是拼营商环境。"浙江省人大代表、网易集团党委书记、副总裁刘杰说，近年来，政府部门出台专门产业政策支持企业在人工智能和数字经济方面的科技创新发展，并帮助解决员工上下班"最后一公里"等生活问题，让他们感到"暖心"。"网易在过去3年营收增长一直保持在10%以上，未来还计划重点布局智能制造、低代码、文化产业等业务领域。"

2023年12月召开的中央经济工作会议要求，持续建设市场化、法治化、国际化一流营商环境，打造"投资中国"品牌。《条例》也提出，推进高水平对外开放，促进外商投资，加强跨国企业培育。

数据显示，2023年浙江实际使用外资增长4.8%，其中制造业使用外资增长85.8%。

"2023年以来，一大批知名的全球500强企业纷纷加码浙江，看重的正是产业配套、消费市场和营商环境。只要继续优化营商环境、做好产业配套，我们相信能吸引到更多高质量的外资。"浙江省商务厅投资促进处相关负责人表示。

（朱涵、吴帅帅）

从杭州"六小龙"到国资"算大账"：
科创弄潮"大胆资本"敢为人先

聚焦机器人、AI、元宇宙、脑科学等前沿科创领域的杭州"六小龙"横空出世，其背后的推手备受瞩目。

"包容十年不鸣，静待一鸣惊人。"杭州市委副书记、市长姚高员用一句话道出了杭州孕育"六小龙"的秘诀。业界专家表示，杭州是养了"六千条锦鲤"，才出了"六小龙"。投年轻人、投前沿科技、投民营小微企业，杭州国资创投给"大胆资本"与"耐心资本"提供了样本。

从有关部门提出既要"算总账"也要"算大账"，到央企创投基金存续期最长可到15年，再到多地国资发展"大胆资本"，有地方提出种子直投、天使直投单项目最高允许出现100%亏损，业内关注的尽职免责容错机制加快落地发出明晰信号，国资创投打造"大胆资本"，弄潮科创新时代。

杭州"六小龙"与国资"成绩单"

最近有一张聊天截图火了，时间是 2019 年 7 月，有人发出一份"宇树商业计划书"，问："这类项目您感兴趣吗？"答："这个对我们有点太早期了哈。"当全国创投圈集体反思"为何没有投中杭州'六小龙'"时，这张图给出了形象的回应。新一代科创企业扎堆杭州，是杭州"耐心资本"与"大胆资本"的答案。

在杭州"六小龙"中的云深处科技、宇树科技、强脑科技三家公司背后，有一个不得不提的名字，叫"杭州资本"，全称"杭州市国有资本投资运营有限公司"。它运营着杭州两大千亿级母基金，一只是杭州科创基金，聚焦投早、投小、投科创；另一只是杭州创新基金，聚焦投强、投大、投产业。杭州资本网站披露，早在 2018 年，杭州科创基金旗下两只参股子基金就对云深处科技进行了天使轮投资，随后在 2019 年、2020 年持续加码，推动这家公司走上发展快车道。对宇树科技，杭州科创基金、杭州创新基金所投资的子基金从 2022 年起共参与了 4 轮融资，保障其在各个发展阶段都有充足的资金。

从美国地下室到成为杭州"六小龙"，强脑科技的故事更是一段佳话。2018 年，杭州未来科技城的考察团专程飞往波士顿，邀请这个留学生团队落户杭州。杭州资本网站显示，2022 年，杭州科创基金参股

子基金完成了对强脑科技的第一笔早期投资，并在 2024 年 8 月，由杭州创新基金通过专项子基金"接力"投资。

"年轻人创业、前沿科技、民营小微企业，是杭州'六小龙'共同的标签。"一位国资创投人士分析说，从投资角度来看，这意味着投入大、周期长、未来收益不确定性高。杭州国资的魄力和耐心，离不开市场化运作与容错机制等多方面支撑。

这份"大胆"和"耐心"的底气从何而来？杭州资本董事长孙刚锋表示，耐心资本必须是专业资本，不能在"看不清""看不懂"的情况

2024 年 11 月 7 日拍摄的杭州宇树科技有限公司企业内景。（新华社记者韩栋晖摄）

下成为"盲目资本"。在提升政府投资基金的专业化市场化水平方面，杭州资本选择充分发挥杭州民间资本活跃的特点，利用母基金模式，与头部专业化投资机构达成合作，更好地发挥社会资本积极性，实现投资的专业化市场化。

"大胆"国资需要"算大账"

杭州的成功在全国掀起了一股"看齐"热潮。近年来，从央企到地方国资，都在大力推动"投早、投小、投长期、投硬科技"，并取得了显著成果。机构研究数据显示，截至 2024 年，央企系基金累计投资硬科技企业超过 5000 家，在科创板上市企业中约 30% 有国资创投背景。以寒武纪为例，这家ＡＩ芯片领域的独角兽成长背后，国投创业等国资机构功不可没。早在 2016 年底，国投创业就在中科院计算所的实验室里找到了寒武纪团队，经过深入研判，果断领投其Ａ轮和Ｂ轮融资，并带动阿里巴巴创投、联想创投等知名机构加入。在资本助推下，寒武纪迅速崛起。2024 年 12 月，国务院国资委和国家发改委联合出台政策，支持央企设立创业投资基金，重点投早、投小、投长期、投硬科技。健全符合国资央企特点的考核和尽职合规免责机制，国资既要"算总账"还要"算大账"。

中国企业改革研究会研究员周丽莎表示，"算总账"是指国资创业投资不能仅仅关注单个项目的短期收益，还要对整体投资组合开展长周期考核评价；"算大账"强调的是国资创业投资要从国家战略和长远发展出发，不以单纯追求财务回报为目标，要注重投资对国家经济结构调整、产业升级、科技创新等方面的推动作用。

同时，地方国资也在积极行动。2024 年 10 月，深圳在全国范围内首提打造"大胆资本"的概念。2025 年 1 月，沈阳市政府工作报告提出，大力发展"耐心资本""大胆资本"。"越长期的钱、越大胆的钱、越友好的钱，投资的经济效果越好。"东方富海董事长陈玮认为，"大胆资本"的核心在于鼓励国有资本做耐心资本、支持早期投资，并健全容错机制。

容错机制加快落地释放"魔力"

近期，多位国资创投人士在接受记者采访时表示，在推动国资于科创大潮中"投早、投小"的道路上，尽职免责和容错机制是业内最为关注的问题。国资创投作为我国一级市场的核心力量，国资容错机制的完善对整个创投生态影响深远。当前，政策信号已经发出，有效落地实施进入关键阶段。

2024年6月，国务院办公厅发布的《促进创业投资高质量发展的若干政策措施》提出，优化政府出资的创业投资基金管理，改革完善基金考核、容错免责机制，健全绩效评价制度。2025年1月，国务院办公厅印发的《关于促进政府投资基金高质量发展的指导意见》强调，建立健全容错机制，鼓励建立以尽职合规责任豁免为核心的容错机制，完善免责认定标准和流程。

专家认为，构建容忍"理性的失败"的机制将释放支持科技创新的巨大"魔力"，建立健全自身的风险管理机制、尽职免责管理机制、基金及管理人绩效评价机制等至关重要。因此，尽职免责和容错机制实施难点需要尽快研究解决。

"如何在鼓励大胆资本的同时有效控制风险，是一个难点。"周丽莎表示，这需要具备专业的投资知识和敏锐的市场洞察力，进一步提高国资投资机构的专业水平。

当前，深度求索让世界重新审视中国科技的底色。身处全新的国际竞争格局之中，中国科创大有可为，国资创投基金将更加大有作为。当国资创投团队以专业和理性面对成败，才能真正营造"我负责阳光雨露，你负责茁壮成长"的良好创新生态。未来，这一模式将成为中国硬科技突围的通用密码。

（王雪青）

跻身超大城市行列，杭州展现"磁吸力"

杭州素有"人间天堂"美誉。2024 年，杭州城区总人口突破 1000 万，成为全国第十个超大城市。

古今融合、风景秀丽是杭州，宜居宜业、开放活力亦是杭州。

连续 17 年入选"中国最具幸福感城市"，以数字赋能打造宜居、韧性、智慧城市，越来越多的人从四面八方来到这座"互联网之城"。

打开大门聚集人

"骑车旅行去过很多地方，杭州的斑马线礼让行人，让我印象深刻。"谈到为何留杭定居，彭清林给出这样的答案。飞身跳江救人不到百日后，这名湖南籍外卖骑手成为亚运火炬手之一。

"对于初到杭州的年轻人来说，免费入住 7 天，这样的驿站服务安心又舒心。"22 岁的安徽安庆小伙吴义发上个月入住了杭州的青荷驿

2024 年 9 月 7 日拍摄的晨曦中杭州西湖
边的保俶塔。（新华社记者徐昱摄）

站。杭州多个城区推出青荷驿站"免费住7天"福利,面向来杭参加求职面试、创新创业赛事等活动的非杭户籍且无房的新市民和青年群体,提供住宿和就业创业服务。

"为什么那么多人选择来到杭州?"杭州市委宣传部社会文明协调处处长朱一斌表示,宽松便捷的落户政策、"真金白银"的人才补贴和包容开放的城市氛围,吸引越来越多的人来到杭州,优良的文化软环境对于人口的吸引、稳定作用巨大。

"最美妈妈"吴菊萍、"最美司机"吴斌、"最美小哥"彭清林……这座城市的凡人善举书写着一个个"最美"故事。礼让斑马线、喇叭不乱鸣、志愿服务微笑亭等文明实践品牌熠熠生辉,有效提升城市内在凝聚力。

从哈佛大学创新实验室中的挑灯攻关,到西子湖畔成立企业研究脑机接口技术,浙江强脑科技有限公司创始人韩璧丞一直带领团队走在科技创新和应用拓展的道路上。"考察了不少地方,感觉杭州对创新人才的容纳度很高。"在位于杭州市余杭区人工智能小镇的办公室里,韩璧丞介绍了来杭创业的缘由。

围绕现实需求,杭州近年来先后制定"人才新政27条""人才发展若干意见22条""人才国际化意见"等政策,推出人才分类认定等举措,着力打造人才"蓄水池"。

杭州市委常委、余杭区委书记刘颖透露,近年来余杭创新主体和创

新人才加速集聚，人才总量突破 40 万人，为经济增长注入强劲动力。

一项统计数据显示，与 2010 年第六次全国人口普查的 870 万人相比，2023 年年末杭州全市常住人口为 1252.2 万人，短短 10 余年增加了 382.2 万人。

城与人双向奔赴。"杭州是一座特别重视凡人善举和平民英雄的善城。"杭州市委宣传部副部长、市文明办主任王文硕说，一个个润物无声的文明实践品牌，让更多人受到精神感染。

共治共享留住人

人口增长、交通拥堵、资源紧张……城市在集聚更多人口的同时，也面临"大城市病"的困扰。如何让城市更智慧、更宜居？

2016 年，杭州城市大脑应运而生。这一着力打造的特大城市数字治理系统解决方案现已进入 2.0 建设的新阶段。中国工程院院士王坚表示，通过城市大脑，城市管理者可以合理配置公共资源，作出科学决策，提高城市治理效能。

江南春日，走进杭州市儿童医院，不时可以看到车身色彩明亮的公交车"出没"。这条按照班次"开进"医院的公交专线串联起附近地铁站，使儿童患者和家属出行更为便捷。杭州市儿童医院副院长刘莉莉说，公交

车外观设计童趣十足，"治病是一方面，让孩子能够精神放松也很重要"。

聚焦地铁出行"最后一公里"，杭州 2023 年以来借助城市大脑对全市 261 个地铁站周边公交资源等进行数据分析，智能识别换乘需求，优化地铁接驳线路 203 条，实施公交进医院等"六进"线路 225 条。

汇聚的不仅仅是数据，更有来自老百姓的民意。

"问政于民、问需于民、问计于民、问效于民。"杭州市民意互动研究中心主任林乃炼说，杭州打造集广播、电视、网络、报刊于一体的"1 + X"民意互动平台，推动党委、政府与群众的良性沟通互动。

3 月初，杭州市综合行政执法局水设施河道中心公开向全社会发出邀请，为城市河道打造生态景点献计献策。"我们将从中选择合理化建议，经专家论证后再选河道做试点。"该中心主任蔡国强说。

本次征集源自热心市民的一条建议——"西湖边的残荷是冬日美景，城市河道边枯萎的芦苇是否可以保留下来作为冬日河边一景，也给水鸟留一个过冬的家？"小到社区食堂的菜价，大到西湖柳树的补植，杭州坚持将"民呼我为"的理念融入城市治理的血脉中。

真切体现超大城市的温度，需要着力培育与之匹配的城市管理能力。杭州在城市治理领域下足"绣花功夫"，熨平发展遇到的"疙疙瘩瘩"，创造宜居、宜业的大小环境。

超过 4800 公里城市绿道连接城乡发展、建成开通城市快速路总里

冬日，杭州西湖部分水域水面结冰，冰面、残荷与朝阳共同构成美丽画卷。（新华社记者江汉摄）

程达 500 公里、地下管廊完工 112.8 公里、地下空间开发量约 1.3 亿平方米……基础建设迈向纵深，公共服务更趋完善，为这座创新活力之城营造新的发展空间。

一座会思考的城市，使提供更加精准的公共服务成为可能。一座可沟通的城市，则让共建、共治、共享建立在更为坚实的民意之上。

打造高地成就人

机械臂上下飞舞，50 多条数字生产线随遥控切换，杭州西奥电梯

"未来工厂"里，一名工程师"带领"一群机器人工作，推动制造效率、产品品质双重提升。

数字经济与制造业"双引擎"深度融合，因"网"而兴、加"数"前行的杭州正迎来全方位、历史性变化。

自"数字浙江"提出以来，20余年间数字经济在杭州异军突起，从龙头企业到隐形冠军，从数字经济软硬件到后台产业，智慧产业链"树大根深"。据不完全统计，杭州目前拥有百余家平台企业，已形成以海康威视、新华三等为龙头，上市公司和独角兽企业为中坚，"双创"为支撑的雁形平台企业群。

是未来所向，杭州主动顺应"大趋势"；是发展所需，杭州奋力抢抓"大机遇"。

"中国视谷"、物联网小镇、杭州未来科技城、中国（杭州）算力小镇……放眼钱塘江两岸，一个个创新节点释放澎湃活力。

新时代的人才竞争，关键在于人才生态的竞争。

2018年，中国科学院西安光学精密机械研究所飞秒激光项目组负责人杨直及团队把目光投向杭州，成立杭州奥创光子技术有限公司。短短几年间，这家企业已成长为员工超过150人的国家高新技术企业。

着力培育壮大新兴产业，加快布局人形机器人等未来产业，为生产力跃迁蓄满势能。在工业强区萧山，工业互联网平台已覆盖汽车零部

件、装备制造、金属加工等 9 大细分行业，提供易部署、见效快、成本低的解决方案。

数据显示，2023 年，杭州市数字经济核心产业实现营收 18737.48 亿元，同比增长 7.9%。

因"数"兴"业"，因"业"聚人。浙江省委副书记、杭州市委书记刘捷表示，杭州将锚定建设世界一流的社会主义现代化国际大都市目标，牢固树立以人民为中心的发展思想，着力深化创新强市、人才强市首位战略，着力弘扬创新创业文化，促进物质文明和精神文明相互协调、相互促进，实现就业创新能力提高与人民生活品质提升良性互动。

（马剑、张璇）

这条大走廊，"日诞"企业 80 家

浙江的"中关村""张江"在哪里？

打开杭州地图，东起浙江大学紫金港校区，经过紫金港科技城、未来科技城、青山湖科技城，西至浙江农林大学，这片全长 39 公里、面积约 416 平方公里的区域，形成了一条宽阔的"大走廊"。

这条大走廊颇具未来感。全球容量最大超重力离心模拟与实验装置的实验大楼犹如展翼的宇宙飞船，之江实验室、西湖实验室等 5 个浙江省实验室环绕分布，鳞次栉比的高楼里是 3354 家国家级高新技术企业、91 个国家级科创平台、58 万专业技术人才。

"2023 年起，这里每个工作日都能新增 80 家企业，为经济高质量发展提供了源源不断的动力。"杭州城西科创大走廊管委会副主任施黄凯很是自豪。

从斩获高规格网络安全大赛一等奖，到带领团队把初创公司落户位于大走廊的梦想小镇，26 岁的母浩文只用了 3 天。"比赛还没结束，梦

想小镇的招商人员就找到我。他们对我们团队项目的了解令人吃惊，这里的创业氛围、产业配套、热情服务都令我们无法拒绝。"他说。

母浩文的项目与杭州城西科创大走廊的发展规划不谋而合。大走廊正在致力于打造"世界级"数字科技产业集群与战略性新兴产业集群。在业内专家看来，多年来大走廊通过相关政策，鼓励人才引入、技术研发与引导市场应用，为产业发展积累了深厚的市场基础，已经构建了优势明显的产业环境。

杭州亚残运会开幕式上点燃主火炬的"仿生手"、在亚运村地下八米深处默默巡检的四足机器狗……这些在杭州亚运会、杭州亚残运会"火爆出圈"的高科技产品都来自位于城西科创大走廊的企业。

这些被各地争抢的企业为什么选择杭州城西科创大走廊？带着这个疑问，记者采访过这里的不少创业者、企业家，有一个回答最让人印象深刻：大走廊最大的特点在于它打造了一个非常完善的创新创业生态系统，聚齐了5大要素：高效的政府部门、知名的高校、头部领军企业、多元多层次的投资人和创业者。这五大要素保证了产业发展的政策支持、人才输出、技术创新、资本支撑、创业项目等能够长期持续。

目前，杭州城西科创大走廊正依托创新基础优势，加速培育新经济增长极。2023年1—11月，大走廊实现产业增加值2856.1亿元，其中高新技术产业增加值贡献率占比超过85%。

2023 年 11 月 28 日拍摄的杭州城西科创大走廊（无人机照片）。（新华社记者翁忻旸摄）

夜幕降临，站在杭州城西科创大走廊管委会办公楼向外望去，无数盏闪烁的灯光涌现着活力和动力。"2024 年，我们将进一步挖掘大走廊科技创新潜在优势，放大数字经济特色优势，形成高质量发展的新优势。"施黄凯说。

（商意盈）

SOMMET POUR L'ACTION IA

UNITREE

第三章

聚焦全球科创舞台崛起，见证杭州科创国际化突围

杭州『六小龙』在国际舞台崛起，引发全球对杭州科创的关注。DeepSeek开源大模型以低成本高性能挑战国际科技巨头，宇树科技机器狗春晚亮相彰显中国机器人实力，游戏科学凭借《黑神话：悟空》展现游戏产业创新力量。这些企业不仅提升中国科技影响力，更为发展中国家提供发展范本。巴黎人工智能行动峰会上，DeepSeek的低成本研发模式获国际专家高度评价，助力中国科技企业赢得全球尊重。杭州科创成果正重塑国际科技格局，彰显中国企业的创新实力与竞争力。

杭州"六小龙"惊艳全球启示录

深度求索公司（DeepSeek）在短短一月内连发两个大模型，"震动"硅谷；宇树科技的机器人登上春晚舞台"扭秧歌"，这场全 AI 驱动的人形机器人表演视频引发海外热议；游戏科学的 3A 游戏《黑神话：悟空》斩获世界游戏大奖，掀起了全球"悟空热"……

当外界都在感叹这股"神秘的东方力量"之时，不经意发现，这些企业都来自中国东部省份的一座城市——杭州。上述三家企业与同处杭州的云深处、强脑科技、群核科技，被合称为杭州"六小龙"，均为近年来涌现的、在新技术领域具有影响力的企业。

在美国科技"七巨头"主导世界科技发展、产生举足轻重影响之际，东方新锐"六小龙"的崛起，又带来哪些启示？

"中国黑马"引发海外热议

在全球人工智能界看来，来自中国东部城市的深度求索可谓"一鸣

位于浙江省杭州市余杭区的中国人工智能小镇外景（受访者供图）

惊人"。这家一年多前还名不见经传的公司，接连放出"大招"：发布的大模型 DeepSeek-V3 和 DeepSeek-R1，一方面在性能上比肩美国领先模型，并完全开源；另一方面是以较低成本实现这一突破。多家外媒评价称，深度求索的成功标志着中国在人工智能领域日益强大的自主创新能力。

深度求索也给美国科技界带来震撼。"我们正生活在一个特殊的时代：一家非美国公司在真正践行开放人工智能研究中心（OpenAI）最初的使命——开展真正开放的前沿研究，为所有人赋能。"英伟达高级研究科学家吉姆·范（Jim Fan）在社交媒体上感慨道。

微软首席执行官萨提亚·纳德拉在达沃斯世界经济论坛年会上表示："深度求索公司的新模型令人印象深刻，尤其是在如何高效开发开

2023 年 7 月 31 日拍摄的西溪湿地日出景观（无人机照片）。（新华社记者翁忻旸摄）

源模型并进行推理计算方面，它的计算效率非常出色。我们应当非常、非常认真地对待来自中国的这些技术进展。"

除了业内认可，DeepSeek 模型还赢得大量海外用户的青睐。不少外国网友分享了使用 DeepSeek 模型后的感受，并在社交媒体上表达赞赏。据彭博社报道，DeepSeek 模型在 140 个市场下载次数最多的移动应用程序排行榜上名列前茅。

自去年以来，中国的科技企业、游戏公司频频吸引海外关注和热议。不久前，宇树科技发布轮足机器狗"翻山越岭"的视频，特斯拉及 SpaceX 创始人埃隆·马斯克转发并评论点赞；游戏科学推出《黑神话：悟空》后，持续斩获各类荣誉，获得 2024 年 Steam 年度游戏大奖、2024NYX 年度最佳游戏奖等；云深处科技的机器人在非遗晚会舞台上律动伴舞，更走进生产和生活，同样引发网络关注。

"六小龙"在创新赛道上各有独门绝技。强脑科技的非侵入式脑机接口技术取得重大突破，研发的智能仿生手已经获得美国食品和药物管理局批准上市，主要产品可以为肢体残疾人和罹患孤独症的孩子提供帮助；群核科技在云计算基础设施领域实现创新突破，研发的分布式存储系统性能达到国际领先水平，成本大幅降低。

1 月 25 日，英国《经济学人》杂志在"中国人工智能产业几乎已追上美国"一文中使用了一幅图片——一条龙出现在一辆车的后视镜

中，借此暗指中美人工智能发展水平已趋于接近。

不过，以此认定"中国人工智能已经超越美国"甚至"遥遥领先"，还为时尚早。业界目前基本形成的共识是，深度求索证明有限资源可以被高效利用，中美人工智能差距正在缩小。

复旦大学国际政治系教授沈逸表示，中国科技企业参与全球竞争已经走出自己的发展路径，通过底层创新的突围能力崭露头角。这一现象背后有多重因素驱动，包括技术创新、市场需求和政府支持等。

从"天堂之城"到"创新沃土"

"为什么是杭州？"这是杭州"六小龙"出圈以后，外界发出的灵魂之问。

彭博社发文称，几十年来，令人艳羡的"中国硅谷"桂冠曾落在少数几个大城市头上，包括深圳、上海、北京等，如今深度求索突然成为全球关注焦点，人们将越来越多的注意力转向其"家乡"杭州。

但是，杭州并非"新生报到"，它是阿里巴巴、网易等互联网巨头的总部所在地。这座长期以数字经济、电商平台等见长的城市，在新一轮科技浪潮带来的激烈变革期，正成为一系列新兴人工智能相关技术的引领者。

浙江省科普联合会会长周国辉认为，对一个城市来说，短期内能涌现如此众多的科技新锐企业，并且引起海内外瞩目，绝非偶然，这是多年来杭州乃至浙江坚持科技创新引领发展新质生产力的鲜活实例。

工信部信息通信经济专家委员会委员盘和林表示，"六小龙"崛起与中国多年鼓励创新、呵护创新的环境密切相关，杭州乘着国家科创东风快速"飞高"，背后是肥沃的创业创新土壤、务实高效的政务服务等。

记者近日实地探访"六小龙"所在地，找寻杭州这座"中国硅谷"的城市发展密码。

在杭州的西南角，西湖区转塘街道的艺创小镇依偎在山湖之间。与自然景观和谐共生、依山而建的错落建筑群，保留了一份难得的宁静。

"游戏科学的创始人冯骥一眼就相中了这个地方。他们团队不是没有去过其他城市考察，但当他们看到这里安心的氛围、多年培育的良好产业生态以及中国美术学院与浙江音乐学院的比邻而居，就决定落户这里。"艺创小镇为企服务中心负责人臧燕说。

"水深则鱼悦，城强则贾兴。"杭州，见证和陪伴了游戏科学的成长，游戏科学的成功也成为杭州创新基因、营商环境的最佳注解。

杭州是中国最早拥抱数字经济的城市之一。2003年，浙江提出建设"数字浙江"，"人间天堂"杭州确立了"硅谷天堂"的发展目标。

二十多年来，杭州数字经济异军突起。从龙头企业到隐形冠军，从数字经济软硬件到后台产业，智慧产业链"树大根深"；数字安防产业市场占有率全球第一、电商平台交易量和第三方支付能力全国第一，创新生态不断壮大；海外人才、互联网人才净流入率连续多年保持全国第一……

"六小龙"的出圈，在于数字经济基因和硬核科技的"超前布局"。

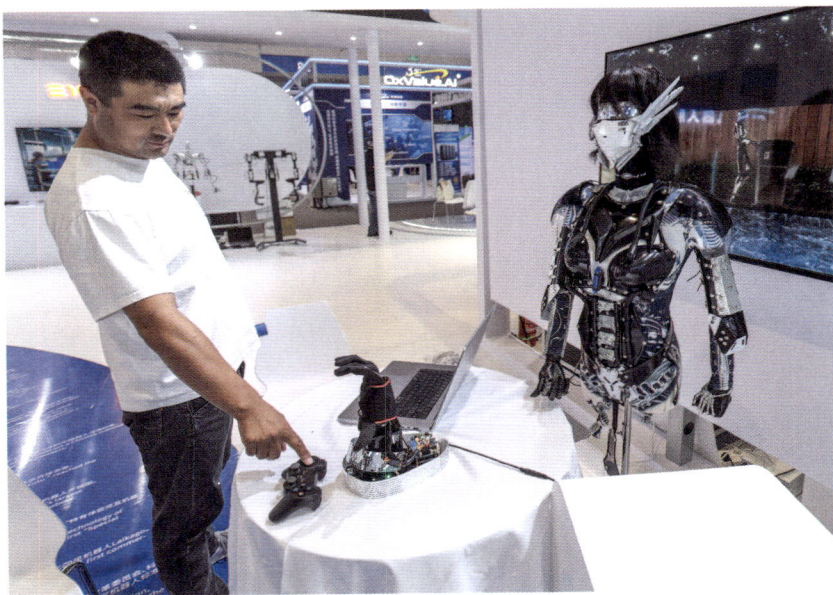

2024年9月25日，第三届全球数字贸易博览会在杭州大会展中心开幕，图为参观者在人形机器人展区了解形态各异的机器人。（新华社记者徐昱摄）

很多人来到杭州，不仅因为它别具一格的美丽，更重要的是，这里是一块创新创业的沃土，让人梦想成真。

宇树科技落户杭州高新区（滨江）以来，经历了从大学生创业企业、瞪羚企业直到"链主"企业一步步发展，地方政府根据发展不同阶段给予专项扶持政策。杭州高新区（滨江）经信局产业发展科科长叶松耸表示，现阶段通过收储、改造存量厂房，为企业四足及人形机器人的生产腾挪出空间，能满足企业未来三至五年的产能扩展需求。

浙江的资本市场相对活跃，吸引了众多风险投资机构和天使投资人，尤其是资本在近年来的不断投入，为科创"开花结果"积蓄能量。

业内人士称，近五年，投资人开始往硬科技方向转，这是随着产业发展的趋势而来的，"杭州包括浙江范围内的潜力企业，几乎都是从人工智能、先进制造、医疗健康等硬科技赛道跑出来的"。

人工智能领域风险投资公司 3Cap Investment 创始人王康曼在受访时表示，在深度求索名声大噪后，一些中外投资者一直在尝试联系杭州的企业，这表明投资者更加关注中国的人工智能发展。

"送给发展中国家的礼物"

统观全球创新版图，崭露头角的"六小龙"企业规模普遍不大，虽

然难以从营收等指标衡量体量和潜力，但仍折射出中国科技创新的强劲势头。

这是一次中国软实力的彰显，将重塑全球对中国科技的认知。

"六小龙"等中国新锐科技企业的崛起，颠覆了人们对美国在人工智能领域占据优势的想法，撕掉了此前笼罩在人工智能之上的神秘面纱。"深度求索戳穿了美国科技寡头的傲慢。它加速了全球竞争，并将加速人工智能工具的应用。"英国《金融时报》网站刊登约翰·桑希尔的文章认为，以深度求索为代表的中国企业的出现，打破了许多对中国创新的陈腐偏见。事实上，中国已经成为全球软件超级大国，在电子商务和数字金融服务方面超过西方，而且还在人工智能方面进行大量投资。这无疑推翻了过去"美国创新，中国模仿，欧洲监管"的成见。

这是一次中国新生代人工智能人才的崛起，他们厚积薄发，闪耀国际舞台。

青年的创新精神不容小觑。"六小龙"的技术骨干都非常年轻，如深度求索技术团队平均年龄不足 30 岁；游戏科学是一个规模刚过百人、平均年龄 32 岁的年轻团队；强脑科技则招募真正的"极客"（对计算机和网络技术有狂热兴趣并投入大量时间钻研的人），不看学历、年纪、经验，只要技术"绝对好"。

之江实验室发展战略与合作中心主任董波认为，在进入技术涌现、

需要工程实现的人工智能、机器人、脑机接口等领域，一些具备创新意识、掌握前沿技术的年轻人，可能刚走出大学校门，就能在产业资本支持下取得令人瞩目的创新突破。

"中国同样具备培育科技巨头的土壤，人工智能应用、半导体制造、高端装备等领域有望涌现出一批新锐企业。"海通策略首席分析师吴信坤表示。

根据世界知识产权组织发布的《2024 年全球创新指数报告》，中国在全球创新力排名中位居第 11 位，是 2010 年来创新力上升最快的经济体之一。 在政策支持方面，中国已把科技自立自强作为国家发展的战略支撑。

这是"送给发展中国家的一份礼物"。 以"六小龙"为代表的中国创新，将为全球发展中经济体提供前所未有的机遇。 北京大学国际法学院教授斯蒂芬·米纳斯在澳大利亚杂志上撰文指出，不发达国家可以利用深度求索带来的机遇，包括"让其他国家更容易学习和迭代"的开源特性。 美国加州大学洛杉矶分校安德森管理学院教授邓兆生也在一篇评论文章中表示，DeepSeek 模型高性价比的模式"让更多国家和公司有可能参与人工智能进步并从中受益"。

印度已经表示，将在本土服务器上托管 DeepSeek 模型，这可能有助于印度加速本国人工智能模型的研发。 在非洲，有评价称，深度求索

给非洲大陆带来了希望，人工智能技术将有助于解决社会和经济问题。

巴基斯坦、孟加拉国等能将人工智能解决方案整合到农业、医疗和教育等关键领域。通过共建"一带一路"倡议等，中国促进了全球合作，让当地劳动力具备必要的人工智能技能，为传统上数字创新落后的地区打造可持续发展的技术环境。

中国科学院院士、北京大学教授梅宏表示，从科学技术发展的大势来看，到本世纪中叶，信息技术仍是技术创新的热门领域，甚至是核心区域，因此，新兴产业一定也与信息技术息息相关，信息技术在持续赋能传统产业、推动其转型升级的同时，也将不断催生新业态。

以"六小龙"为代表的一批"小龙""潜龙"，能否抓住新一轮科技革命和产业变革机遇，成长为"蛟龙""巨龙"？

"我们要始终对新一轮科技革命和产业变革，抱有足够的客观理性和谦卑敬畏。"浙江省政府咨询委员会特邀委员、浙商发展研究院副院长刘亭认为，创新和竞争永无止境，山外有山，天外有天，谁也不可能是"常胜将军"独步市场。我们需要的是稳扎稳打的务实、永不言败的坚韧、勇立潮头的进取。

（邬焕庆、王俊禄、张璇、朱涵）

中国 AI 开源模型推动全球共享智能红利

从工业革命到智能时代，进步的科学技术总是会激发人们共享人类文明成果的美好愿望，但技术垄断屡见不鲜，很多发展中国家难以接触到高端科技应用。自 2025 年年初中国深度求索公司（DeepSeek）的开源模型引起全球关注后，阿里巴巴、百度、字节跳动等多家中国公司的人工智能（AI）模型也纷纷加入开源阵营。业界人士认为，这些由中国科技企业推出的开源模型将推动 AI 技术走向普惠，推动全球共享智能红利。

美国科技网站 CCN 发表的一篇评论文章指出，相比将专有 AI 技术捂在手中，中国的大型科技公司和初创企业越来越认识到，共享创新往往能带来更好的成果。从 DeepSeek-R1 模型到阿里通义千问系列模型，中国的开源生态正在蓬勃发展。

开源模型是指由开源社区或组织开发、维护和共享的大型软件模型。这些模型的源代码是公开的，所有人都可以查看、修改和分发。

英国埃塞克斯大学管理学教授彼得·布卢姆在澳大利亚"对话"网站上发文指出，华为、阿里巴巴和腾讯等中国科技巨头正在推动开源模型的发展，并为全球 AI 项目作出重大贡献，例如阿里巴巴开源的优化大规模数据分发工具 Dragonfly 和百度加速自动驾驶汽车开发的开源平台 Apollo 等。这些努力不仅增强了中国 AI 产业的实力，也让其在全球 AI 生态系统中占据更加重要的位置。

悉尼新南威尔士大学私法与商法学院教授邹米米（音译）在该校官网上发文指出，DeepSeek 只是中国蓬勃发展的 AI 行业的参与者之一，许多中国 AI 公司拥抱开源，这意味着它们发布详细的技术论文并发布模型供其他人使用。这种方法注重效率和实际应用，而不是原始的算力。

克罗地亚 AI 研究专家德拉戈·奇利加近日在接受新华社记者采访时表示，DeepSeek 的成功首先在于它的低成本和高效能，而且其开源模式也向世界证明：最现代化的工具并不是特权，而是人人都可以获得的。奇利加说，中国愿意与世界分享 AI 资源，促进 AI 的普惠化发展，这意味着，中国正在重塑全球 AI 的发展格局。

日本日生资产管理公司首席分析师松波俊哉在接受当地媒体采访时指出，不论哪个时代，新技术刚出现时往往价格较高，难以普及，但一旦实现低成本且高性能的技术革新，便会迅速得到推广。DeepSeek 的

出现有望快速提升 AI 的普及率。

英国《卫报》网站刊文说，DeepSeek-R1 模型可以免费使用，并且是开源的。低成本与开放性的强强联合可能有助于普及 AI 技术，让其他国家，尤其是美国以外的开发者能够加入其中。

瑞士科技公司 RepRisk 首席执行官菲利普·阿埃比说，DeepSeek 是个了不起的进步，它不仅能降低 AI 模型的成本，还能提升其质量。瑞士高校和中小企业可基于 DeepSeek 的研究成果，以可控的成本复现商业级 AI 解决方案。

美国硅谷知名孵化器"创始人空间"公司首席执行官、天使投资人史蒂夫·霍夫曼在接受记者采访时表示，DeepSeek 的重大突破在于，一家拥有较少资源的小公司，不仅可以训练出优秀的 AI 模型，还可以将其开源给全世界。霍夫曼说，这种开源模式将在全世界掀起一股创新浪潮，即使是以前缺乏资源开发模型的国家，现在也可以开发自己的开源 AI 生态系统。

（吴晓凌、陈汀、褚怡、钱铮、郭爽、李学军、陈畅）

宇树科技：人形机器人全球赛场崛起的"中国力量"

伴随着喜庆的秧歌调和富有律动的锣鼓点，16 台人形机器人身着花棉袄，以整齐划一的动作在舞台上展开队形，展现一系列"手上功夫"：缓缓"藏手绢"、快速"亮手绢"、摆臂"转手绢"……

这是 2025 年中国央视春晚舞台上的一幕。这 16 台人形机器人来自位于杭州一家名为宇树科技的民营企业。这段画面在中国互联网上迅速爆红，宇树科技也在全球人形机器人产业界火热"出圈"。记者近日在宇树科技走访时看到，企业展厅内参观者摩肩接踵。当展厅内 G1 机器人拟人步态、原地起身等动作时，人群中惊叹声连连。

业内人士分析认为，宇树科技的阶段性成功绝非偶然。从全球科技发展趋势来看，人形机器人产业正处于迅速发展的爬升期。据美国花旗银行全球洞察分析师预测，到 2050 年，人形机器人的市场规模有望达到 7 万亿美元。

"可以说，人形机器人是机器人发展的终极理想。"浙江人形机器人创新中心主任、浙江大学教授熊蓉说，人形机器人建立在多学科基础之上，综合运用机械、电气、材料、传感、控制和计算机来实现拟人化的功能，是国际公认的机器人技术集大成者，也是一个国家科技综合水平的重要体现。

熊蓉告诉记者，人形机器人如果得到大规模应用，意味着可以取代人类从事危险、重复和乏味的工作，并有望解决未来社会劳动力短缺的难题，对经济和社会发展带来颠覆性的影响。

在人形机器人的全球赛场上，"中国力量"正日益崛起。摩根士丹利日前发布的研究报告《人形机器人100：绘制人形机器人价值链图谱》显示，在人形机器人领域，有56%涉及相关业务的公司及45%的集成商来自中国；市场预测，到2050年，中国人形机器人市场规模将达到6万亿元，人形机器人总量达到5900万台。

国家市场监管总局发布的数据也显示，截至2024年12月底，全国共有45.17万家智能机器人产业企业，注册资本共计64445.57亿元，企业数量较2020年底增长206.73%，较2023年底增长19.39%，呈稳健上扬态势。

"中国的制造业基础太强大了，许多核心零部件可以由我们自己设计、生产、加工、组装。本土供应链的高效协同有利于控制生产成本，

2025 年 1 月 8 日，在美国拉斯维加斯消费电子展上，人们在宇树科技展区观看机器人展示。（新华社发 曾慧摄）

推动产品规模化落地。"杭州余杭人形机器人创新中心常务副主任陈光说，对于我国而言，人形机器人还可与工业机器人、新能源汽车等产业共享供应链，许多关键部件均可"打包复用"。

业内人士认为，受益于我国完整的工业体系以及由此产生的各种场景和环境，研发者可以获取大量真实数据，以训练人形机器人理解更复杂的物理世界，最终赋能实体产业。

翻开高工机器人产业研究所于 2024 年年底发布的《人形机器人产业地图（2024）》，各具特色的区域性产业集群正在构建形成。长三角和珠三角地区因其在机械和电子领域的产业优势，成为人形机器人产业的重要集聚地。其中，长三角地区拥有众多本体制造和零部件企业；而珠三角地区则以深圳为中心，汇聚了大量的创新型企业。

以机器人产业的先发省份浙江为例。其域内不仅涌现出宇树科技、五八智能、均普智能等生产整机产品的"实力玩家"、大量零部件配套企业，还拥有浙江大学等一批具有较强研究积累的高校院所，展现出较为明显的创新体系优势。

曾在美国学习工作数年的动子科技（宁波）有限公司总经理张晓光说，驱动自己干事创业的，不仅有自大学就生发出的对专业的热爱，更有政府集中优质资源、倾听企业需求、支持企业发展的强大助力。

人形机器人行业的迅猛发展，催生了更多应用想象空间。文旅场馆的智能导览员、教育机构的 AI 陪练师、商超里的 24 小时理货员……工业领域以外，人形机器人未来在服务场景中同样"大有可为"。

浙江工业大学计算机科学与技术学院副教授邱杰凡认为，要让通用

型人形机器人真正更快地走进千家万户，人工智能底层理论水平的突破至关重要。对于高校和研究机构而言，在人才培养之外，还需加强基础科学与底层理论研究，在数学、物理、材料等基础学科领域加强攻关，对相关原创性理论研究加大专项支持力度，培育更多在世界范围内具有重大影响力的理论成果。

此外，安全、伦理问题关口的跨越仍具备挑战性。以养老陪护这一人形机器人可能落地的重要场景应用为例，部分业内人士指出，对于人形机器人进入养老行业，目前仍有安全性、情感需求、责任归属等问题需要克服，人机关系的"交通规则"尚未明晰。"只有在实训场攻克这些技术门槛，人形机器人才有望向现实生活的深处再迈进一步。"邱杰凡说。

（商意盈、郑可意、顾小立）

巴黎峰会，感受人工智能发展新脉动

2025 年 2 月 10—11 日，人工智能（AI）行动峰会在巴黎举行。主会场大皇宫内，多国政商决策者们齐聚一堂，就 AI 全球治理展开热烈讨论；巴黎东南部"F 站"创业园区里，上千 AI 创业创新者忙着展示 AI 最新应用成果和洽谈商业合作；塞纳河畔香格里拉酒店，中国、美国、加拿大等国的专家学者围绕 AI 技术及其应用深入交流……

这不仅是人工智能探索前沿的技术展示，更是对未来发展趋势的深刻展望。当前，AI 技术的深度、广度不断拓展，朝着更丰富、更高效、更贴近应用的方向持续演进，特别是在技术纵深层面，大模型的"瘦身革命"正突破算力桎梏，正如参会专家所比喻的：经历着从"笨重运动员"向"灵巧舞者"的蜕变。

"AI 未来的发展将向终端化与轻量化发展，大模型需要进一步小型化和低能耗，可部署到手机和可穿戴设备上，而个人智能体、数字助理

将是一个典型应用场景；随着多模态、强化学习等技术进步，服务机器人、无人驾驶车辆、无人机的规模化部署将成为可能。"清华大学公共管理学院教授、清华大学人工智能国际治理研究院副院长梁正这样向记者描述轻量化 AI 应用的未来。

AI 的软硬件创新也在以惊人的速度不断推进。清华大学交叉信息研究院教授、副院长徐葳认为，短期内可见的趋势是"在已有大语言模型基础上，往多模态扩展"，以及"把 AI 融入到各种工作流程中"；另一方面，科研领域正在探索一种超越现有大语言模型的新型模型架构，核心在于更丰富的建模能力，为 AI 提供对世界更深入的理解与表达。

本届峰会着重强调推动 AI 资源开放，降低发展中国家获取 AI 技术的门槛。在这方面，中国的大语言模型表现突出，以深度求索（DeepSeek）为代表，展现出开源、低能耗、透明的特点，成为普惠全球的新典范。法国《世界报》报道，DeepSeek 的亮相令人惊艳，它依靠更少的算力和数据消耗，以及更低的训练成本，实现了足以与美国最新产品相媲美的卓越表现。这一成果对于促进中美以外国家的 AI 发展，推动 AI 运用的包容普惠性，无疑具有极其重要的意义。

会场内外，中国企业的开源思维得到了高度赞誉。法国数字系统

2025年2月10日在法国巴黎大皇宫拍摄的人工智能行动峰会现场。（新华社记者高静摄）

企业 Scalian 的数据科学家马克西姆·卡雷尔所在企业正致力于推动小型、专业的开源 AI。"我们正在追赶最好的 AI。例如我们正在测试阿里巴巴的通义千问模型，它非常出色，既高效，能耗也低。"英国 AI 云服务企业销售副总裁丹·卡彭特认为，DeepSeek 是一个"惊喜"，希望"像这样的开源公司越多越好"。在 AI 迅猛发展的当下，全球南方的声音常被忽视。记者在会上听到多名专家反复强调人工智能治理的包容性，提出要让全球南方和更多群体在 AI 治理对话中发出更大声音。剑桥大学高级研究员肖恩·奥黑盖尔塔格表示："许多中国学者强

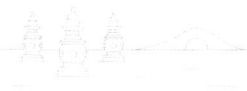

调利用技术帮助实现可持续发展目标的重要性。重要的是确保全球南方专家在 AI 治理对话中都有代表。AI 发展应充分考虑南方国家的发展需要，让南方国家专家参与，了解其需求，并在全球决策中赋予其话语权。"

如何让 AI 更好地造福人类，实现智能向善，是峰会期间的热门话题。一个主流声音是，推动智能向善，确保人工智能发展始终符合人类的根本利益和价值标准，必须共推发展、共护安全、共享成果。此次峰会上，包括法国、中国、印度、欧盟在内的多个国家和国际组织共同签署声明，表示要确保人工智能开放、包容、透明、合乎道德、安全、可靠且值得信赖。这正是对智能向善呼声的积极回应。

巴黎人工智能行动峰会，全方位展现了 AI 多元创新、开放普惠的发展趋势，也凸显了加强全球协作、构建包容治理框架的迫切需求。面对无限机遇与诸多挑战，记者深刻感受到，国际社会应携手并肩，秉持智能向善、包容普惠的发展理念，不断深化创新合作，共同完善 AI 全球治理体系，让人工智能真正成为造福全人类的伟大力量。

（罗毓）

全球科研团队竞逐低成本 AI 模型研发新范式

美国斯坦福大学等机构研究团队近日宣布，在基座大模型基础上，仅耗费数十美元就开发出相对成熟的推理模型。尽管其整体性能尚无法比肩美国开放人工智能研究中心（OpenAI）开发的 o1、中国深度求索公司的 DeepSeek-R1 等，但此类尝试意味着企业可以较低成本研发出适合自身的 AI 应用，AI 普惠性有望增强。同时，其所应用的"测试时扩展"技术或代表一条更可持续的 AI 研发路径。

低成本玩转高级推理

美国斯坦福大学和华盛顿大学研究团队近日宣布研发出名为 s1 的模型，在衡量数学和编码能力的测试中，可媲美 o1 和 DeepSeek-R1 等。研究团队称，训练租用所需的计算资源等成本只需几十美元。

s1 的核心创新在于采用了"知识蒸馏"技术和"预算强制"方法。

2025年1月8日，在2025年美国拉斯维加斯消费电子展（CES）上，人们在中国企业宇树科技的展区观看机器狗展示。（新华社发　曾慧摄）

"知识蒸馏"好比把别人酿好的酒进一步提纯。该模型训练数据是基于谷歌 Gemini Thinking Experimental 模型"蒸馏"出的仅有1000个样本的小型数据集。

"预算强制"则使用了 AI 模型训练新方法——"测试时扩展"的实现方式。"测试时扩展"又称"深度思考"，核心是在模型测试阶段，通过调整计算资源分配，使模型更深入思考问题，提高推理能力和准确性。

"预算强制"通过强制提前结束或延长模型的思考过程，来影响

模型的推理深度和最终答案。s1对阿里云的通义千问开源模型进行微调，通过"预算强制"控制训练后的模型计算量，使用16个英伟达H100GPU仅进行26分钟训练便达成目标。

美国加利福尼亚大学伯克利分校研究团队最近也开发出一款名为TinyZero的精简AI模型，称复刻了DeepSeek-R1Zero在倒计时和乘法任务中的表现。该模型通过强化学习，实现了部分相当于30亿模型参数的大语言模型的自我思维验证和搜索能力。团队称项目训练成本不到30美元。

"二次创造"增强AI普惠性

清华大学计算机系长聘副教授刘知远接受记者采访时说，部分海外研究团队使用DeepSeek-R1、o1等高性能推理大模型来构建、筛选高质量长思维链数据集，再用这些数据集微调模型，可低成本快速获得高阶推理能力。

相关专家认为，这是AI研发的有益尝试，以"二次创造"方式构建模型增强了AI普惠性。但有三点值得注意：

首先，所谓"几十美元的低成本"，并未纳入开发基座大模型的高昂成本。这就好比盖房子，只算了最后装修的钱，却没算买地、打地

基的钱。AI 智库"快思慢想研究院"院长田丰告诉记者，几十美元成本只是最后一个环节的算力成本，并未计算基座模型的预训练成本、数据采集加工成本。

其次，"二次创造"构建的模型，整体性能尚无法比肩成熟大模型。TinyZero 仅在简单数学任务、编程及数学益智游戏等特定任务中有良好表现，但无法适用于更复杂、多样化的任务场景。而 s1 模型也只能通过精心挑选的训练数据，在特定测试集上超过早期版本 o1preview，而远未超过 o1 正式版本或 DeepSeek-R1。

最后，开发性能更优越的大模型，仍需强化学习技术。刘知远说，就推动大模型能力边界而言，"知识蒸馏"技术意义不大，未来仍需探索大规模强化学习技术，以持续激发大模型在思考、反思、探索等方面的能力。

AI模型未来如何进化

在 2025 年美国消费电子展上，美国英伟达公司高管为 AI 的进化勾画了一条路线图：以智能水平为纵轴、以计算量为横轴，衡量 AI 模型的"规模定律"呈现从"预训练扩展"到"训练后扩展"，再到"测试时扩展"的演进。

　　"预训练扩展"堪称"大力出奇迹"——训练数据越多、模型规模越大、投入算力越多，最终得到 AI 模型的能力就越强。目标是构建一个通用语言模型，以 GPT 早期模型为代表。而"训练后扩展"涉及强化学习和人类反馈等技术，是预训练模型的"进化"，优化其在特定领域的任务表现。

　　随着"预训练扩展"和"训练后扩展"边际收益逐渐递减，"测试时扩展"技术兴起。田丰说，"测试时扩展"的核心在于将焦点从训练阶段转移到推理阶段，通过动态控制推理过程中的计算量（如思考步长、迭代次数）来优化结果。这一方法不仅降低了对预训练数据的依赖，还显著提升了模型潜力。

　　三者在资源分配和应用场景上各有千秋。预训练像是让 AI 模型去学校学习基础知识，而后训练则是让模型掌握特定工作技能，如医疗、法律等专业领域。"测试时扩展"则赋予了模型更强推理能力。

　　AI 模型的迭代还存在类似摩尔定律的现象，即能力密度随时间呈指数级增强。刘知远说，2023 年以来，大模型能力密度大约每 100 天翻一番，即每过 100 天，只需要一半算力和参数就能实现相同能力。未来应继续推进计算系统智能化，不断追求更高能力密度，以更低成本，实现大模型高效发展。

（彭茜）

全球新款人工智能模型涌现

2025 年开年以来，人工智能（AI）技术继续保持迅猛发展的态势。截至目前，全球数家科技公司竞相发布了其人工智能模型的最新版本，这些模型具备更快速的回答能力、更强的多模态能力以及增强的推理与生成能力等，将为用户带来更加智能的使用体验，为各行各业注入新动能。

美国知名企业家埃隆·马斯克旗下的 xAI 公司当地时间 17 日晚上正式发布最新人工智能模型 Grok 3，该模型引入了包括图像分析和问答在内的高级功能，支持社交媒体平台 X 上各种功能。

马斯克称，Grok 3 使用了拥有约 20 万个 GPU 的大型数据中心进行训练，其计算能力是上一代版本 Grok 2 的 10 倍，是"地球上最聪明的人工智能"和"最大程度寻求事实真相的人工智能"。在当日发布会上的功能演示中，Grok 3 模型及 Grok 3mini 版本在数学、科学和编程基准测试上超越了目前所有的主流模型。马斯克说，Grok 3 将在一周

后上线语音模式。

据法国米斯特拉尔人工智能公司官网2月6日发布的消息，该公司发布了最新版本的开源人工智能助手LeChat。可帮助用户获取新闻、管理日常生活、跟踪项目、上传和总结文档等。新版LeChat增加的数个功能中最引人注目的是"速答"功能。据该公司官网介绍，新版本LeChat能以每秒1000个单词的速度生成答案。

美国谷歌公司2月5日宣布推出多个"双子座2.0"系列模型的优化版本，其中包括"双子座2.0闪电"模型以及该模型的经济版和实验版，所有这些模型都将提供多模态输入与文本输出。据谷歌官方博客介绍，此次更新进一步增强了"双子座2.0"系列模型在多模态推理、编码性能和处理复杂提示等方面的能力，并提升了成本效益。

美国开放人工智能研究中心（OpenAI）1月31日推出了最新推理人工智能模型o3mini的版本，并称其是该公司推理模型中最具成本效益的模型。据OpenAI官网介绍，该推理模型强大且快速，突破了小型模型所能达到的界限，尤其在科学、数学和编程方面表现突出，同时保持了OpenAI的o1mini模型的优势。1月20日，中国深度求索公司发布其最新开源模型DeepSeek-R1，这一模型在技术上实现了重要突破——用纯深度学习的方法让人工智能自发涌现出推理能力。该模型延续了其高性价比的优势。据该公司介绍，

DeepSeek-R1 在后训练阶段大规模使用了强化学习技术，在仅有极少标注数据的情况下，极大提升了模型推理能力，在数学、代码、自然语言推理等任务上表现优异。

（冯玉婧、吴晓凌、周啸天、于艾岑）

从慕安会透视欧洲科技新窘境

曾经拥有爱立信、诺基亚等熠熠星光的欧洲，如今已在人工智能等科技领域相对滞后，陷入创新焦虑。美国帕兰蒂尔技术公司防务项目主管麦克·加拉格尔在此间举行的第 61 届慕尼黑安全会议（简称慕安会）上说，欧洲人工智能和软件社区缺乏创新，欧洲发展模式的优势已经消失。

美国政府现在推行的"美国优先"技术发展模式正加大欧美分歧，也让欧洲创新陷入窘境。作为曾经的科技强国摇篮，欧洲如今正站在技术发展的十字路口。

欧洲创新陷入困境

人工智能领域，中美发展强劲，留给欧洲的位置还有什么？德国联邦信息安全局局长克劳迪娅·普拉特纳在慕安会上提出了这样的问题。

事实上，通用人工智能竞赛 15 年前就已在英国开跑。2010 年，"深层思维"公司就已在伦敦成立，这要比如今人工智能领域举足轻重的美国开放人工智能研究中心（OpenAI）领先了数年，然而"深层思维"却在多年后因为被美国公司收购而举世闻名。类似这样"欧洲诞生、美国受益"的例子不胜枚举。在众多前沿技术领域，欧洲并非无所作为，甚至早有战略布局，但由于研发投入不足、人才流失严重等原因，欧洲科研成果转化道路漫长，进展缓慢。不少专家指出，科技领域的溃败，是欧洲最大的困境之一。

从慕安会以及刚刚结束的巴黎人工智能行动峰会等多个国际会议看，欧洲科技发展焦虑感正不断加剧，欧洲领导人越来越担心在全球科技竞争中被边缘化，失去话语权和影响力。尽管欧盟委员会主席冯德莱恩强调，人工智能竞赛远未结束，但她也清楚地知道，"欧洲的模式仍需加速发展"。

"美国优先"施压"安全优先"

美国总统特朗普 2025 年 1 月上任后，立即在人工智能的发展方面大展拳脚。废止前总统拜登要求为人工智能企业制定监管规则的行政令；宣布打造迄今规模最大的人工智能基础设施项目"星际之门"；要

求制订"人工智能行动计划"以"维持和增强美国在人工智能领域的主导地位"……

德国信息技术智库"界面"高级政策研究员莉萨·泽德认为，特朗普正在改变美国对人工智能监管的态度，优先考虑国家安全和行业利益。

明确的"美国优先"立场与欧盟对人工智能的严格监管环境形成鲜明对比。去年夏天，欧盟《人工智能法案》正式生效，成为全球首部全面监管人工智能的法规。今年2月，欧盟又出台有关《人工智能法案》的指南，明确人工智能"禁区"。

负责创业、科研和创新的欧盟委员埃卡特里娜·扎哈里埃娃在慕安会上指出，欧洲一直在技术监管和创新之间寻找平衡，但欧美"在技术监管方面存在分歧"。

不断放宽限制的"美国优先"模式，给"安全优先"的欧洲模式造成不小压力，也让欧洲的科技政策陷入两难窘境：过于严格的监管可能使欧洲公司在竞争中处于不利地位，而监管不足带来安全和伦理风险，违背慕安会众多欧洲与会者强调的"价值观"。

中国提供创新发展新思路

面对与美国在人工智能领域日益加剧的分歧，一些欧洲专家开始将

2025 年 2 月 20 日，在沙特阿拉伯首都利雅得，人们观看中国杭州宇树科技有限公司的机器狗表演。（新华社记者尹炯摄）

目光投向中国，寻求合作以突破当前的发展困境和窘境。中国企业深度求索（DeepSeek）推出的人工智能模型被众多欧洲业内人士誉为激发人工智能创新的优秀案例。用更少的时间和成本开发出同等性能或类似性能的模型，这让在人工智能竞争中相对落后的欧洲开发者看到了可以借鉴的经验以及合作的机遇。法国米斯特拉尔人工智能公司共同创始人阿瑟·门施对媒体表示，在全球人工智能竞赛中，中国人工智能的突破为欧洲提供了启发，"从 DeepSeek 的成功看到了公司乃至欧洲在人工智能技术领域实现提升的希望"。

在谈到技术监管问题时，中国人民大学国际关系学院教授王义桅在慕安会对记者指出，中国经验值得欧洲借鉴，即"发展中规范，规范中发展"。人工智能应用不落地，实践就无从谈起，制定的监管措施就很难有针对性。

在本届慕安会上，一些美国代表将制度竞争与技术竞争混为一谈，强调美欧必须团结起来以应对中国，并主张严格限制与中国在科技领域的合作以确保安全。清华大学战略与安全研究中心副主任肖茜在慕安会接受记者采访时表示，这一幕与几年前的慕安会十分相似。2021年，美国劝说欧洲人不要使用中国5G设备；多年过去，美国也没有为那些弃用中国5G设备的欧洲人提供更好的技术方案。

越来越多的有识之士已不再对美国的提议买账。美国人工智能研究所（AINow）联合执行主任安巴·卡克说："美国科技巨头成功推动了这样一种说法：任何限制他们继续保持霸权的行为都相当于推动中国前进。这是非常危险的，是一种非常自私的说法。"

欧盟支持的人工智能项目DIVERSIFAIR研究员史蒂文·费特曼指出，某些国家实施科技制裁等行为，不利于人工智能行业的发展。"只有人工智能在全球获得更广泛发展，我们才能拥有更多的创新和发展的源泉。"

（郭爽、李超、张章）

欧洲媒体：DeepSeek 为欧洲研发先进 AI 提供新思路

欧洲多家媒体近日发表文章说，中国人工智能（AI）企业深度求索（DeepSeek）发布最新开源模型 DeepSeek-R1 表明，DeepSeek 的经验为欧洲以有限算力和较低成本研发先进的人工智能模型提供了一条可借鉴之路。

瑞士《新苏黎世报》刊发题为"DeepSeek 作为转折点：中国 AI 或许恰好能给欧洲带来关键优势"的文章说，长期以来，欧洲自认在人工智能竞赛中毫无胜算，因为欧洲无法像美国科技巨头那样筹集到巨额资金以建立强大算力。但欧洲和瑞士拥有在人工智能热潮中真正发挥作用所需的最重要资源：智力、训练有素的人才。DeepSeek 模型表明，即使资金和计算能力有限，也能开发出优秀的人工智能模型，这为欧洲研究人员开辟了一条道路。

德国《世界报》以"这场 AI 地震始料未及——DeepSeek 为何能

改变一切"为题报道说，DeepSeek 成功打破了人工智能行业此前的一种模式：如果想参与人工智能竞赛，就必须预先投入数十亿美元建设数据中心。美国企业试图用巨额投资构筑"护城河"，但与传统行业不同，人工智能领域的先发优势并不绝对。

德国《经济周刊》发表文章指出，美国的科技制裁是一条错误的道路。DeepSeek 的程序员没有顶级芯片，但他们用创造力弥补了这一劣势。

英国《卫报》网站刊文说，DeepSeek-R1 可以免费使用，并且是开源的。低成本与开放性的强强联合可能有助于普及人工智能技术，让其他国家（尤其是美国以外）的开发者能够入局。

德国《南德意志报》的评论文章认为，在人工智能领域，DeepSeek 找到了一种更高效构建人工智能模型的方法，节省了资金和能源。

（郭洋）

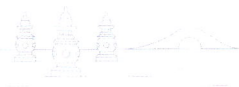

AI 经济浪潮下，中国与发展中国家的携手共进

在人工智能（AI）经济迅猛发展的当下，中国已然成长为一股强劲力量，为发展中国家，特别是全球南方国家，带来了诸多财富，助力它们紧跟全球技术进步的步伐。以中国企业深度求索（DeepSeek）取得的突破为典型，这充分彰显出中国正快速迈向全球 AI 强国的行列。

中国的这一转变重新界定了科技领域的领导力格局，为全球发展中经济体开创了前所未有的契机。中国通过让 AI 技术成本降低、获取更便捷，使得巴基斯坦、孟加拉国等国家能够将 AI 解决方案融入农业、医疗、教育等关键领域。借助共建"一带一路"倡议等举措，中国积极推动全球合作，为当地劳动力传授必要的 AI 技能，为那些传统上在数字创新方面滞后的地区营造可持续发展的技术环境。

相较于西方 AI 模型对大量计算资源与专有数据集的依赖，中国的 AI 企业着重于研发成本效益高的解决方案，以实现效率最大化。这一做法让低收入国家在经济上也能负担得起 AI 技术的应用。例如在农业

领域，中国的 AI 模型能够优化灌溉技术、预测天气模式，从而提高作物产量，切实解决缺水地区的粮食安全难题。以往，AI 技术的主要受益方多为发达经济体，而如今，中国的 AI 开发与治理策略正成为改变发展中国家现状的关键因素。在助力全球南方国家借助 AI 技术推动经济增长、实现工业现代化以及达成可持续发展目标等方面，中国正发挥着引领作用。

中国 AI 战略的核心要点之一，便是高度重视数字基础设施建设。长久以来，发展中国家因技术基础设施匮乏，难以参与 AI 革命。中国积极推动 AI 与数字基础设施的互联互通，通过支持 AI 技术、数据中心、云计算设施以及高速互联网等，致力于缩小这一差距。如此一来，中国提升了 AI 技术的互用性与可及性，确保新兴经济体在快速发展的数字格局中不会掉队。

除了基础设施建设，中国的 AI 相关举措还聚焦于赋能农业、制造业、医疗和教育等关键行业。通过有针对性的投资与技术共享，中国助力发展中国家跨越传统工业障碍，加快经济增长步伐。

人才培养也是中国 AI 战略的重要组成部分。中国深知 AI 素养的重要意义，积极开展专业人才培训工作，并大力推动发展中国家的 AI 教育。这将培育出一支技术娴熟的劳动力队伍，保障这些国家的 AI 发展由本土力量驱动。通过强化 AI 能力建设，中国正在培育新一代 AI

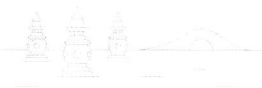

专业人才，他们将在各自国家推动创新与数字化转型。

在 AI 治理方面，中国同样为发展中国家带来了益处。中国借助"数字丝绸之路"等倡议，倡导符合发展中国家利益的 AI 政策。中国的 AI 发展热潮有利于全球南方国家推进可持续发展目标。中国将 AI 技术融入绿色发展战略，确保发展中国家能够在不牺牲环境可持续性的前提下追求经济增长，这也展现出中国在引领 AI 技术、智能制造和高科技行业发展方面的坚定决心。

中美聚焦人形机器人产业发展

2025 年 1 月 7 日，在美国拉斯维加斯消费电子展这一科技行业首屈一指的展会上，英伟达首席执行官黄仁勋发表了主旨演讲，宣布机器人领域即将迎来一个分水岭时刻。黄仁勋在演讲时，两侧站着挥着手臂的人形机器人。

几周后，在中国的 2025 年春节联欢晚会上，杭州宇树科技有限公司研发的机器人呈现了一场与众不同的表演。

这两场备受瞩目的活动为 2025 年定下了基调，众多机器人制造商正在调集资源，以实现大规模生产和全球商业化。世界各国都渴望分得一杯羹，但似乎还没有一个国家完全占据主导地位，但中国和美国无疑属于第一梯队。

有专家曾表示："在美国，注重的是走在技术前沿，探索未知的技术难题；在中国，更侧重于如何将现有技术整合到实际应用中。"中国公司普遍更多地投资于制造完全集成的人形机器人，以供现实世界使

2025 年 1 月 7 日，人们在美国拉斯维加斯消费电子展上参观。（新华社发　曾慧摄）

用，而美国公司则专注于更广义的智能，其中可能包括工厂认为不必要的功能。

在近来发生的一些事件之后，这种考量可能有所改变。

就在宇树科技的机器人春晚展演前夕，中国人工智能初创企业深度求索（DeepSeek）推出了 R1 大型语言模型，震惊了科技界。该模型的性能与 OpenAI 的产品相当，而使用和开发成本远低于 OpenAI。

该公司的开源产品挑战了主流的认知，即训练最先进的人工智能系统需要投入巨额资金，这导致 DeepSeek 竞争对手的股票被大规模抛售，并促使人们重新评估此前的投资策略。

据高盛公司研究部称，人形机器人的硬件大多已经成熟或接近成熟，摄像头、马达、力传感器、传动装置和电池等部件都可以用于商业目的。

这家投资银行在去年的一份报告中表示："从 2023 年各种产品的操作和交互能力的提高来看，端到端人工智能的进步可能会使人形机器人的迭代速度大大加快。"

许多公司表示，它们将在 2025 年开始大规模生产自己的人形机器人，这被广泛视为运营稳定性的一个关键里程碑，也是通过构建规模经济来降低成本的一种手段。

中国——长期以来被称为"世界工厂"——已经将其制造业的主导地位扩展到机器人领域。数以万计的公司在供应链中发挥着作用，无论是生产零部件、组装单元还是设计原型。

根据国际机器人联合会的数据，在 2023 年，全球一半以上的机器

人安装量集中在中国，这使得推动人形机器人进入国内市场的中国企业在成本控制方面占据优势。

专家表示，重点不再是克服孤立的技术难题，而是在系统工程和构建最优系统方面表现出色。在某些主要指标——不必全部指标——上领先，就可以确保竞争优势。

尽管国家和企业在科技（包括人形机器人）领域竞争激烈，但学术合作在很大程度上仍得以畅通无阻地继续下去。在当前复杂多变的双边关系中，这是罕见的亮点。专家说："在探索阶段，你往往会看到（中美）努力拓展机器人智能的边界，而不是自我隔绝地进行竞争。"

解锁新质生产力成长密码，赋能杭州科创新锐腾飞

杭州「六小龙」强势崛起，彰显强劲创新活力与发展潜力。为助推「小龙」化「巨龙」，杭州持续优化创新生态与政策支持，从前沿产业布局到全链条培育机制，为企业拓展多维发展空间。依托长三角一体化战略，联动长三角城市群协同创新，共建科创共同体——通过整合资源、破除壁垒，推动跨省域创新协同，全面提升区域产业能级。同时强化人才引育，夯实科技企业智力支撑。在政策赋能下，杭州科技企业正加速向国际竞争前沿迈进，实现从「小龙」到「巨龙」的跨越式发展。

杭州"六小龙"崛起启示新质生产力培育路径

近期，频频火爆海外的科创领域"六小龙"引发全球关注——宇树科技的机器狗视频被马斯克转发，游戏科学以首款3A游戏《黑神话：悟空》迅速火遍全球，强脑科技成为脑机接口领域顶尖企业，此外还有DeepSeek（深度求索）、云深处科技、群核科技等，上述6家企业都与杭州有关。受访人士认为，杭州"六小龙"现象并非偶然，它提示这类创新城市发展新质生产力的先发优势，应抓住培育新型科创企业形成的重要着力点，推动一批高科技企业在激烈国际竞争中迅速脱颖而出。

杭州科创"六小龙"现象引发关注

岁末年初，科创领域一个概念引发关注——杭州"六小龙"，一批杭州科创企业展现出强劲势头和独特魅力。

"六小龙"均布局于未来产业的赛道，成长为在某一领域实现突

破的尖端企业。而"六小龙"的产品基本都是先获得了海外市场的认可。宇树科技、云深处的四足、人形机器人在海外社交媒体浏览量过百万；游戏科学《黑神话：悟空》获得 Steam 年度游戏大奖，还获得了 2024NYX 年度最佳游戏奖；DeepSeek 被业界评价为打破了困扰国产大模型许久的算力芯片限制瓶颈。

业内人士及地方干部分析认为，这 6 家企业有一些共同标签：都为年轻科技人才创办，都处于机器人、人工智能最前沿的科技产业领域，都是民营中小企业。

记者梳理发现，这些企业不全是传统意义上的高新企业，难以从营收等指标衡量体量和潜力。"六小龙"估值规模在大部分不超 80 亿元，属于中腰部企业；企业的技术骨干都非常年轻，如 DeepSeek 技术团队平均年龄仅 27 岁，内部人才认定与传统标准并不统一；科技创新往往脱胎于既有业务，DeepSeek 背靠幻方量化，无须外界资金投入，游戏科学有腾讯等资金的注入。不少地方干部坦言，这些企业发展有独特的优势，更需优化政策，精准帮扶。

浙江省科普联合会会长周国辉表示，对一个城市来说，短期内能涌现如此众多的科技新锐企业，并且是引起海内外瞩目的明星企业，值得庆贺但绝非偶然。这是多年来杭州乃至浙江坚持科技创新引领发展新质生产力的鲜活实例。

"六小龙"崛起偶然背后的"必然性"

受访人士表示，"六小龙"崛起与我国多年鼓励创新、呵护创新的环境密切相关，杭州乘着国家科创东风快速"飞高"，背后是肥沃的创业创新土壤、务实高效的政务服务等。

——安心、专心的创业创新环境。多位对接上述企业的一线干部表示，对6家企业的发展，他们均保持了足够的耐心，不急于催企业出成果、拉产值，做到"无事不扰，有求必应"。例如，《黑神话：悟空》在面世前提出游戏版号申请的协助，西湖区迅速联动浙江出版集团积极申请，以最快速度申请到了游戏版号；DeepSeek位于拱墅区长庆街道，街道办事处副主任项文也表示，企业很少对政府提要求，对企业提出的人才政策的诉求，街道迅速行动，帮助申报了十多个杭州C-E类人才，解了员工后顾之忧。

杭州高新区（滨江）经信局产业发展科科长叶松耸表示，2016年

2020年7月7日，夏日晨曦中的杭州西湖景区。
（新华社记者徐昱摄）

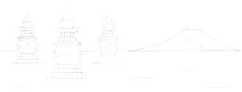

宇树科技落户杭州高新区（滨江）以来，地方政府始终耐心陪伴企业，从大学生创业企业、瞪羚企业直到"链主"企业一步步发展，根据发展不同阶段给予专项扶持政策，同时通过收储、改造存量厂房，为企业四足及人形机器人的生产腾挪出数万平方米标准工业厂房，满足企业未来3—5年的产能扩展需求。

——小镇业态助力产业超前布局，政府秉持长期主义。游戏科学总部位于杭州市西湖区艺创小镇，是浙江省第二批特色小镇。"游戏科学的创始人冯骥来到这里，一眼就相中了这个地方。他们团队不是没有去过其他城市考察，但是他们看到这里风景优美、别墅式的创业园、多年培育的良好产业生态以后，加上周边中国美院、中国音乐学院的加持，他们非常喜欢这里。"艺创小镇为企服务中心负责人臧燕说，如今，艺创小镇吸引追光动画、艺高文化、喜马拉雅、时光坐标等3000余家文创企业发展。

梦想小镇则可以提供上下游产业链、资金、政策的全方位帮扶。

特色小镇都有不同特色，梦想小镇前瞻布局未来产业，中腰部科技企业越来越多，积蓄着面向未来的发展潜能。

——资源汇聚、产业生态厚积薄发。业内人士认为，"六小龙"的崛起，是硬核科技创新超越传统商业模式创新的例证。相关游戏、机器人、脑机接口科技企业成立的时间都在2014—2018年，创始人不少都出自阿里系、浙大系等。多年的资源汇聚，促使产业生态厚积薄发。一方面，电商和数字技术企业的崛起，为当地的创新创业环境提供了推动力；另一方面，浙江大学、西湖大学、之江实验室等研究机构为当地提供了丰富的科技创新资源。同时，政府对科技创新的支持政策、人才引进政策也相对优越，这些都为高科技企业的发展提供了良好的基础。

厚植"举国体制"创新土壤，鼓励"市场力量"拔尖突破

受访人士认为，"杭州六小龙"的迅速成长与"破圈"启示，在新一轮科技革命中，高水平人才及科创企业的"特质"及评判标准已发生变化，为具有极强创新活力的人才和企业提供适宜的"土壤"和"阳光雨露"，有助于推动一批高科技企业在激烈国际竞争中迅速脱颖而出。

——布局新兴未来产业时，摒弃唯头衔、"帽子"的人才评价标准，关注具有"极客化"、差异性的核心技术、跨界特质的青年人才。之江

2018年3月5日，之江实验室外景。（新华社记者殷晓圣摄）

实验室发展战略与合作中心主任董波认为，曾用来评价人才的学术背景、头衔、"帽子"已不适用于日新月异的人工智能、机器人等领域，一些人可能刚刚走出大学校门，就已能够取得创新突破，建议进一步完善人才引育标准，探索"一事一议"引才模式。

　　——加强科技企业源头培育，构建科技企业梯度培育体系，完善高新技术企业"陪伴式"培育政策。杭州市科技局党组成员、副局长俞钧表示，近年来，围绕未来产业，杭州推出"前沿技术发现—应用科

研攻关—成果转化孵化—产业培育壮大"的未来产业全链条培育机制，强化企业科技创新主体地位。梯度培育成为优质中小企业梯度成长的有效手段，有助于相关部门针对不同中小企业的发展阶段和需求，分类施策、精准扶持，把真金白银用对地方。

——重视发挥特色小镇"抓手"作用，推动高质量发展。浙江大学公共管理学院副院长张蔚文表示，特色小镇本质是高端要素集聚、创新创业的产业平台，是经济发展到一定阶段、因产业转型升级需要应运而生的创新创业平台，须长期性、战略性抓好特色产业培养，进一步发挥"小引擎"的"大功率"作用。

（邬焕庆、王俊禄、张璇、朱涵）

加快形成长三角科创共同体

拥有 9 座 GDP 万亿城市，集聚全国逾 30% 的高新技术企业，区域研发投入强度达 3.23%，超过全国平均水平近 0.7 个百分点⋯⋯

沪、苏、浙、皖合抱而成的长三角地区，创新潮涌不断提升发展"成色"。

自 2018 年长三角一体化发展上升为国家战略以来，习近平总书记在长三角地区考察时，一次次深入科技创新最活跃的区域，与三省一市的科技工作者面对面交流。

2020 年在合肥主持召开扎实推进长三角一体化发展座谈会时，习近平总书记指出，"上海和长三角区域不仅要提供优质产品，更要提供高水平科技供给，支撑全国高质量发展""三省一市要集合科技力量，聚焦集成电路、生物医药、人工智能等重点领域和关键环节，尽早取得突破"。

2023 年在上海主持召开深入推进长三角一体化发展座谈会时，

习近平总书记强调，"长三角区域要加强科技创新和产业创新跨区域协同。大力推进科技创新，加强科技创新和产业创新深度融合，催生新产业新业态、新模式，拓展发展新空间，培育发展新动能，更好联动长江经济带，辐射全国"。

2024 年 4 月 30 日中共中央政治局召开会议，审议《关于持续深入推进长三角一体化高质量发展若干政策措施的意见》，提出要加快突破关键核心技术，统筹推进传统产业升级、新兴产业壮大、未来产业培育，在更大范围内联动构建创新链、产业链、供应链。

纵观长三角三省一市，上海综合优势突出，江苏制造业发达，浙江数字经济领先，安徽创新活跃、生态资源良好。通过共谋"发展一盘棋"，沪、苏、浙、皖加快建设世界级产业集群。最新发布的《2024长三角区域协同创新指数》显示，2018 年以来，长三角区域协同创新指数年均增幅达 9.26%，通过体制机制创新、科研资源共享、强链补链延链，科技创新共同体建设迈向新阶段，驱动长三角地区加快成为全国高质量发展的强劲增长极。

深耕制度创新"试验田"　重塑区域一体化创新格局

从 2020 年 12 月科技部发布《长三角科技创新共同体建设发展规

划》，到 2021 年长三角科技创新共同体建设办公室在上海揭牌，围绕联合攻关、基础研究、成果转化等重点合作事项成立专题组，再到企业、科研人员"一键下单"实现跨区域服务共享、仪器互用……三省一市以制度创新和科技创新双轮驱动，重塑区域一体化创新发展格局。

整合创新资源，央地携手推进联合攻关"落地生根"。长三角科技创新共同体建设办公室设立后，科技部相关司与三省一市科技部门建立工作专班季度会商机制，围绕完善联合攻关机制、制订三年行动方案、提升科创策源能力等重点难点问题开展工作。印发《长三角科技创新共同体联合攻关计划实施办法（试行）》等，为一体化创新建章立制，保驾护航。同时设立秘书处，三省一市科技部门选派干部在沪集中办公，强化跨省域统筹协调。

创新需求从企业来，解决方案由企业选，何时实施由企业定……长三角一体化科创云平台是长三角科创共同体针对创新主体的宣传和服务载体，集长三角领域的科创政策推介、企业供需对接等功能于一体。记者打开平台网站，一系列"揭榜成功"的技术需求映入眼帘。应用于化合物半导体的原子层沉积工艺及设备研发、人工智能算法可信度量化评估与审计体系……科技企业在这里寻求实打实的解决方案。

2023 年，根据三省一市科技部门联合发布的长三角科创共同体联合攻关需求征集通知，上海生物医药企业复宏汉霖在平台上发布"抗体

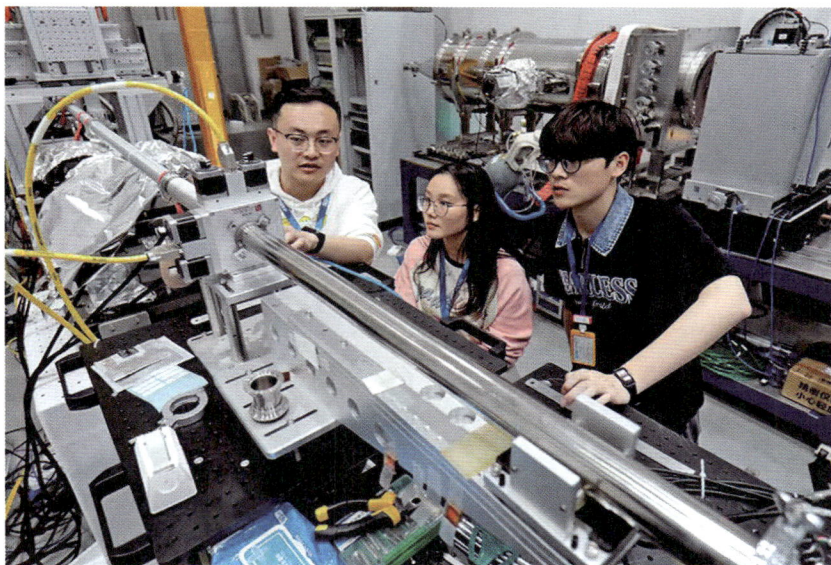

2024 年 4 月 10 日，安徽省先进功能高分子薄膜工程实验室团队成员朱健和（左）在上海同步辐射光源实验线站向团队成员讲解实验设备运行情况。（新华社记者方喆摄）

药物国产制造关键技术开发与产业化"的技术需求。"自己找技术，如同大海捞针，借助平台力量，我们和长三角'朋友圈'高效精准对接。"复宏汉霖全球创新中心总经理单永强说。最终，华东理工大学和百林科制药装备科技（江苏）有限公司"揭榜"，三方联合攻关生物抗体药物的国产制造关键技术开发与产业化。

统计显示，2022 年以来，三省一市累计发布"企业出题"的 48 项

重点揭榜任务，全国揭榜单位数量超过 380 家，揭榜任务研发投入超过 10 亿元。2023 年共征集长三角企业需求 130 项，上海御渡半导体、中科芯集成电路、奇瑞新能源汽车、江苏康缘药业等 20 家龙头企业纳入联合攻关计划。

破除体制障碍，科技资源"一键共享"。冷冻电镜、球差电镜、700M 液体核磁、实验动物中心、P2 病原微生物实验室……走进上海交通大学分析测试中心，各类先进的科学仪器令人目不暇接。

"我们中心的设备总值超过 7.2 亿元，单价 500 万元以上的设备就有 24 台。在保障学校科研的基础上，这些先进设备的机时，统统对社会开放。很多中小企业不用自建实验室，就能享受高端科研设备服务。"上海交通大学分析测试中心主任陈峰告诉记者。目前，该中心的校外注册用户突破 1 万家，其中长三角用户约 7000 家。

三省一市携手建设长三角科技资源共享服务平台，将 4 万多套、价值超 522 亿元的大型科学仪器集中在一个平台上，全国的企业、科研人员只需"一键下单"，就能实现跨区域服务共享、仪器互用。

此外，长三角多地试点利用财政科技资金，以电子券的形式支持试点区域内科技型中小企业向专业机构购买技术研发、检验检测等服务，并支持科技创新券的通用通兑，推动技术、资金、人才等要素跨越区域"牵手"。"科技创新券好比科技服务领域的'消费券'。通过平台，我

们对接到上海应用技术大学，用平台发放的 30 万元创新券，申请了履带式远程遥控柴油机驱动自吸泵开发服务，与大学联合开发了一套排水机器人系统。"江苏博禹泵业有限公司总经理汪祈燕说。

统计显示，2023 年长三角科技创新券申领企业数达 2377 家，跨区域购买服务 1.46 亿元，创新券兑付金额 3968 万元，分别较 2021 年增长 6.3 倍、3.6 倍、3.8 倍。

打破行政壁垒，推动跨省域"创新协同"。横跨上海青浦、江苏吴江、浙江嘉善的长三角生态绿色一体化发展示范区，是长三角一体化国家战略的突破口。2019 年 11 月，瞄准"不破行政隶属，打破行政壁垒"，长三角一体化示范区挂牌成立，聚焦规划管理、生态保护、财税分享、公共服务等方面的任务，开展全方位的一体化试验，推动省域发展"末梢"变成省际合作前沿。挂牌至今，长三角一体化示范区累计形成 136 项制度创新成果，涵盖规划管理、财税分享等八个方面，其中 42 项面向全国复制推广。比如，建立"一地认定，三地互认"的外国高端人才互认机制。设立全国首个跨省域高新技术产业开发区——长三角一体化示范区跨省域高新区等。

"传统发展路径下，各地都有自己的高新区、经开区，彼此之间招商竞争十分激烈。成立跨省域高新区，就是从两省一市的实际利益出发，争取发展的最大公约数。"长三角一体化示范区执行委员会营商和

产业发展部部长朱正伟说。今年两省一市商定，针对跨省域高新区实行"联席会议＋推进专班＋片区管理机构"的运行机制，在国家高新区建设中发挥更大的引领作用。

比如，示范区聚焦二级建造师、二级造价工程师、初级注册安全工程师等由国家统一设置、各省自行实施的职业资格，推动考试标准统一、成绩和证书互认，打破专业技术人员跨省域异地执业和工作限制，促进人才要素自由流动。

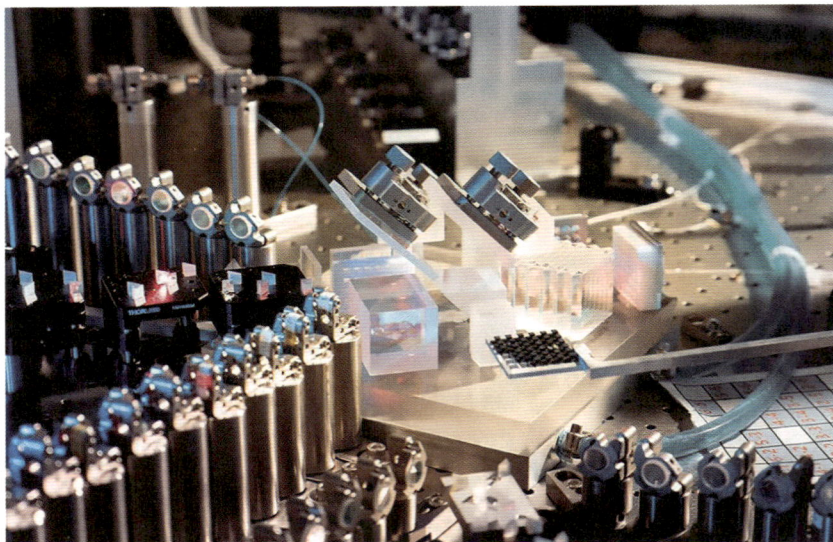

2023 年 10 月 15 日，在中国科学技术大学拍摄的用于"九章三号"实验的光学干涉仪。（中国科学技术大学供图）

长三角一体化示范区是一个缩影。包括 G60 科创走廊、长三角数字干线在内的廊道经济，包括科创飞地、产业飞地在内的飞地经济，跨省域协同创新在长三角呈现百花齐放的态势。《2024 长三角区域协同创新指数》显示，2023 年上海向苏、浙、皖输出的技术合同成交额为744.32 亿元，相比 2018 年增长 3.31 倍。上海与苏、浙、皖合作申请发明专利数量为 4911 件，相比 2018 年增长 1.75 倍。

强化原始创新策源　提升战略科技"硬实力"

求解高斯玻色取样数学问题，比目前全球最快的超级计算机快一亿亿倍。2023 年 11 月，中国科学技术大学潘建伟、陆朝阳等组成的研究团队与中国科学院上海微系统与信息技术研究所等，携手构建量子计算原型机"九章三号"，在研制量子计算机之路上又迈出重要一步。

打开"九章三号"，里面排布着多个比指甲盖略大、带着光纤"小辫子"的金属模块。这些名为超导单光子探测器的模块，是"九章三号"中捕捉并识别单个光子的"眼睛"。在上海诞生，到浙江封装，再到安徽应用，每个探测器都经历了一场长三角协同创新之旅。

根据《中国区域科技创新评价报告 2023》，包括研发经费、研发人员、高新技术企业数量等，长三角共有 13 个指标占全国比重超过 30%。

共同实施重大科技项目，携手提升战略科技"硬实力"，这样的故事在长三角科创共同体建设中屡见不鲜。强化国家战略科技力量建设，大科学设施集群有序推进，锻造科创利器。

2024 年 5 月中旬，国家重大科技基础设施建设项目上海光源线站工程通过国家验收。工程包括新建 16 条性能先进的光束线和实验站、建立用户辅助实验室和用户数据中心等。

"上海光源是中国大陆第一台第三代同步辐射光源，它犹如一台'超级显微镜'，可以看清微观世界，揭示物质微观结构生成及演化机制。"中国科学院上海高等研究院副院长邰仁忠告诉记者。

工程试运行期间，新建线站已服务约 8 万小时，并为 35 家国内领军企业提供定制化技术解决方案，其中一半以上是长三角企业，如南京辉锐光电科技有限公司、中国宝武钢铁集团等。"从杭州的实验室到上海张江，开车只要两小时，遇到需要好多天才能完成的实验，还可住在专供用户的招待所，非常方便。"浙江大学药学院张海涛研究员几乎每两个月就要来一次蛋白质科学研究（上海）设施做实验。作为全球生命科学领域首个综合性大科学装置，该设施已为近 450 家科研单位和企业的 1985 个课题组提供服务。

统计显示，截至目前，长三角建成和在建的重大科技基础设施共计 28 个。上海光源、超强超短激光装置、软 X 射线装置等光子大科学设

施集群建设有序推进，国家临床医学研究中心建设初具规模。区域创新体系一体化能力持续增强。

各类实验室加快建设，提升创新策源能力。2024 年 4 月中旬，以"创新预见 6G 未来"为主题的 2024 全球 6G 技术大会在南京召开，吸引国内外广泛关注。

2018 年，位于南京的紫金山实验室成立 6G 关键技术攻关团队。"现在研发 6G，就是为未来的智能化信息社会提供超强连接能力。"中国科学院院士、紫金山实验室主任尤肖虎表示。基础研究是科技创新的总开关。从上海人工智能实验室，到江苏紫金山实验室、浙江之江实验室，再到合肥科学岛，长三角各类实验室瞄准世界前沿技术不断突破。

从高比例"嵌合猴"，到克隆猴"中中"和"华华"，再到大科学装置小型化……上海科技创新成果展上，一排排基础研究成果令人振奋。

依托国家技术创新中心，推动科技成果转移转化。将国家战略部署与长三角区域创新需求有机结合，2021 年挂牌的长三角国家技术创新中心，以重要领域关键核心技术攻关为使命，持续推动长三角区域科技成果转移转化与产业化落地。

五一前夕，由中冶赛迪上海研究院研发的废钢切割机器人正式运往湛江钢铁基地，开启工程化应用。这一新型机器人，从 2022 年 4 月签

约启动到 2023 年 12 月发布产品，只用了不到两年时间。这中间，长
三角国家技术创新中心发挥了关键推手作用。"随着钢铁业加快绿色化
智能化转型，电炉炼钢比例加大，为满足入炉尺寸要求，大量废钢需要
切割。"中冶赛迪上海研究院常务副院长杜东坡在企业调研时，敏锐地
发现这一市场需求。传统的废钢切割，温度较高、粉尘较多，工作环
境较为恶劣。改为机器人操作，面临如何识别废钢种类、尺寸，如何
规划机器人行动路径，如何准确判断从哪里下刀等技术难题。

2023 年 9 月 26 日，一辆西井科技的无人驾驶重卡 Q-Truck 在位于上海的无人驾
驶商用车联合实验室场地上进行动态测试。（新华社记者方喆摄）

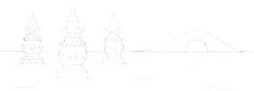

长三角国家技术创新中心获悉企业这一技术需求后，为其对接全球创新资源，最终促成联合攻关：悉尼科技大学负责智能算法、常州集萃负责关键零部件、中冶赛迪负责总集成，中心还为项目提供国际合作资金池支持。"最终落地的废钢智能切割机器人，填补了行业空白。我们测算，这一新产品对应近 3000 万吨的潜在废钢加工市场。"杜东坡说。

中心主任刘庆介绍，挂牌以来该中心已在上海和江苏等地布局建设98 家专业研发载体，拥有各类研发人员超过 1.6 万人，以"拨投结合"等方式支持重大产业技术创新项目约 100 项，转移转化技术成果超过9000 项，服务企业累计超过 2 万家。

瞄准世界级创新中心　提升全域产业竞争力

"下午在合肥开完会，两个小时不到高铁就回上海了。明天一早再坐高铁来合肥开会，下午四点多高铁又回上海了，还能回家吃饭。"2024 年 3 月，蔚来汽车创始人李斌在网络上分享了一段自己拍摄的短视频，展示了两地在新能源汽车领域的频繁互动。以科技创新带动产业创新，正在让长三角成为新质生产力的"试验田"。沪、苏、浙、皖形成"你中有我，我中有你"产业格局，全域产业竞争力明显提升。

携手打造现代化产业体系。这是生产一辆新能源汽车的 4 小时"旅

程"——上海提供芯片、软件等组成的"大脑";向西约 200 公里外的江苏常州,提供作为"心脏"的动力电池;向南 200 多公里外的浙江宁波,提供完成"身体"的一体化压铸机……在长三角,新能源汽车逐步形成了具备现代化产业体系特征的"4 小时产业圈",向世界级新能源汽车产业集群迈进,全国四成以上的新能源汽车产自长三角地区。

从 2016 年起,蔚来围绕合肥进行深度产业布局,先后建成两座先进制造基地。目前,蔚来超过 70% 的产业链合作伙伴来自距离合肥 600 公里的周边区域。依托长三角成熟的产业链与区位优势,蔚来领跑全国 30 万元以上高端纯电汽车市场,2024 年 5 月发布了面向全球销售的第二品牌乐道。

"我们在合肥、上海、南京等地分别设立了整车制造、业务总部、关键零部件等核心业务单元。"李斌认为,依托不同区域间的分工合作,长三角有望建成智能电动汽车世界级创新中心。新能源汽车只是缩影。统计显示,长三角集成电路、生物医药、人工智能三大先导产业的产业规模,分别占全国的 3/5、1/3 和 1/3,现代化产业体系不断完善。

以生物医药为例,2019 年以来,仅上海就累计获批 24 个 1 类国产创新药,其中包括国内首款 CART 细胞治疗产品、首款在美国上市的国产生物创新药。目前,长三角拥有上海张江高新区、苏州工业园区、杭州高新区、连云港经开区等一批知名生物医药产业园区,近五年来长

三角的生物医药全球许可交易总额占全国比重超过 70%，体现出长三角生物医药产业集群的竞争优势。前瞻布局未来产业。坐在模拟驾驶舱里，控制操纵杆拉升转向，显示屏模拟飞越河流建筑、俯视大地……位于上海市金山区的御风未来航空科技有限公司厂房内，来访者可以体验低空飞行的愉悦。

御风未来副总经理刘星宇介绍，M1 电动飞行器于 2023 年 10 月成功首飞，在电动系统、飞控系统、复合材料三个核心环节全部实现国产化。"5 座载人设计，可高效飞行 250 公里，巡航速度达到每小时 200 公里，被认为是未来的'空中的士'。"

聚焦未来健康、未来智能、未来能源等方向，包括上海在内的长三角地区加快布局脑机接口、量子科技、空天利用等前沿领域，部署到 2035 年形成若干领跑全球的未来产业集群。三省一市通力合作，为未来产业成长提供优良土壤。位于安徽合肥的中国科学技术大学国家同步辐射实验室内，安徽省先进功能高分子薄膜工程中心团队正争分夺秒开展相关研究。

"这个项目是由'合肥光源'和'上海光源'合力承担的一个重点研发计划，旨在为我国新型显示产业、新能源汽车产业提供关键核心材料。"中国科学技术大学国家同步辐射实验室党委书记、副主任李良彬研究员告诉记者，上海张江、安徽合肥两大综合性国家科学中心开展

"两心同创"，为未来产业发展点亮"协作之光"。

以开放谋合作、赢未来。"西井和香港非常有渊源，第一个集团客户是和记港口；我们共同打造了多个标杆项目，包括助力和记泰国打造了全球首个'无人驾驶与有人驾驶'混合作业项目，还与英国和记签订了 100 台自动驾驶卡车的订单。"2024 年 5 月，"浦江创新论坛"首次来到香港，上海西井科技股份有限公司董事长谭黎敏在座谈会上说。

浦江创新论坛、世界人工智能大会、世界顶尖科学家论坛、世界制造业大会……长三角诞生了多个面向全球的科创展会和合作平台，区域内各类创新主体积极开展国际科技合作与交流。长三角多家单位深度参与的深时数字地球国际大科学计划，吸引超过 20 家国际组织和外国相关机构共同参与；德国大众汽车与小鹏汽车共同开发两款面向中国市场的智能网联车型，首批车型将于 2026 年在合肥投产……从基础研究"最先一公里"，到产业创新"最后一公里"，长三角的开放创新不仅有着"双城记"，更有着"全球行"。

"长三角一体化发展已迈入新阶段，同时也迎来了新挑战。"上海市发展改革委副主任、长三角区域合作办公室常务副主任张忠伟说，未来要持续提升长三角的创新能力、产业竞争力和协同水平，让长三角一体化发展在中国式现代化进程中切实发挥引领示范作用。

（王永前、何欣荣、周琳、董雪、戴威）

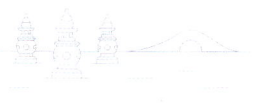

加快建设创新浙江

近日，全国人大代表、浙江省科技厅厅长高鹰忠在接受新华网采访时表示，浙江将发挥企业科技创新主体作用，在科技成果转移转化、教育科技人才一体改革等方面作出新的探索与实践。

强化企业主体，释放创新活力

新华网：围绕发挥企业科技创新主体作用，这些年浙江做了哪些工作？取得了哪些成效？下一步还有哪些支持政策？

高鹰忠：浙江具有市场经济活力足、经营主体多、科技成果转化应用快的优势。近年来，我们坚持"有求必应、无事不扰""政府负责阳光雨露、企业负责茁壮成长"，在创新全链条上强化企业科技创新主体地位，企业创新活力十足，创新能力稳居全国前列，以海归系、浙大系、浙商系、阿里系为代表的创新创业"新四军"持续发力，浙江"三

剑客""六小龙"厚积薄发、脱颖而出。主要做了三方面工作：一是加强企业创新主体地位的制度性安排；二是支持企业建设高能级科创平台；三是强化企业主导的产学研融通创新。

下一步，我们将进一步提高企业在创新全链条中的主导地位，建立健全"企业出题、政府助题、平台和高校答题、车间验题、市场评题"的"五题"联动机制，使"群龙闹海"成为创新浙江的鲜明标识，让浙江成为创新创业最具活力的"黑土地"。重点发挥好"三个人"作用。一是发挥企业"出题人"作用，面向企业征集的攻关需求占比原则上达80%以上。二是发挥企业"答题人"作用，支持企业牵头或参与国家重大科技攻关任务。三是发挥企业"阅卷人"作用，支持其深度参与项目"里程碑"考核、结题验收。

转化成果，构建创新体系

新华网：浙江在科技成果转移转化上做了哪些工作？取得了哪些成效？下一步将如何深入推进？

高鹰忠：近年来，浙江坚持体系化、市场化、法制化推动科技成果转化工作，科技成果转化工作走在全国前列。主要从三方面开展工作：一是深化科技成果转化集成改革，全省推广职务科技戎果赋权、单

列管理、"先用后转"等集成改革，已经有 47 家高校院所开展赋权改革，1600 多项成果实施赋权，累计有 6000 多项科技成果支持"先用后转"。二是健全科技成果转化市场机制，打造中国浙江网上技术市场升级版。三是优化科技成果转化工作体系，开展"博士入企"行动，推动更多科技成果转化为新质生产力。

下一步，我们将健全市场导向的科技创新转化应用体系，强化部门政策协同，实施技术经理人派驻制和"科技副总"机制，形成一批"大成果催生大产业、形成新质生产力"的典型案例。

探索改革，提出发展建议

新华网：浙江在教育科技人才一体改革上已经做了哪些探索？作为全国人大代表，您有哪些建议？

高鹰忠：浙江率先建立省教育科技人才一体推进机制，设立教育科技人才一体改革发展专班，强化工作统筹推进。

下一步，我们将聚焦教育科技人才一体改革发展的堵点卡点，重点做好"三件大事"。一是以顶尖人才计划为牵引，推动人才有序流动。二是以"双一流 196"和高校基础设施提质增效工程为牵引，推动科教协同育人。三是以高能级科创平台为牵引，推动教育科技人才

融合贯通。

　　在 2025 年的全国两会上，我建议优化教育科技人才一体推进机制，打造学科专业对科技产业发展的快速响应通道，充分释放人才创新活力，推动浙江乃至全国的高质量发展。

　　　　　　　　　　　　　　　　　　　　（马江、宋越、张灵）

在创新沃土中腾飞：让"小龙"成"巨龙"

2025 年新春伊始，发令枪响，多地的"新春第一会"聚焦创新发展，努力让更多以科技创新为特征的企业走向世界前沿，形成百舸争流的可喜局面。

从《黑神话：悟空》横空出世，到《哪吒 2》票房登顶；从 DeepSeek 火爆全球，到人形机器人精彩亮相，游戏科学、深度求索、宇树科技等一批并非大众耳熟能详的科技企业迅速崛起，成长为"小龙"，呈现出一派生机勃勃的创新气象。

创新是引领发展的第一动力。细究"小龙"成长，除了企业自身的努力，更离不开国家对创新的大力支持，离不开地方政府对创新一地一域的暖心呵护。

良好的创业环境是创新的"空气"和"沃土"。管理者要致力于打造开放、包容、鼓励创新的文化，让创新者在良好的土壤中成长，才能为未来创造更大价值。近年来，国家大力推动科技创新与产业创新融

合发展，一批"小龙"应运而生。这些"小龙"能嗅出"空气"中有助于创新的味道，也能吸收"沃土"中的创业养分，不断成长壮大。

让企业大胆闯、让创业者放手拼，就要尽最大努力为其解决后顾之忧，助其大展身手。有的企业成立不到10年就变成"小龙"，很大程度上得益于当地政府在软环境上出实招，"无事不扰，有求必应"，让创业者安心创业，放心奔跑。

仅在一地有"小龙"，是不够的；在产业发展中只有"小龙"，也是不够的。当下，多地正积极打开思路做文章，思考如何创建有利于创新的生态，因地制宜对创新企业进行暖心呵护，让自己的江河里能成长出更多的"小龙"，让"小龙"成"巨龙"。

"小龙"成长为弄潮的"巨龙"还需时日，也需呵护。期待越来越多的地方政府拿出更有力的措施，为更多"小龙"开辟一片海阔天空，早日成长为"巨龙"。

（冯源）

谁能领跑人形机器人产业？

近年来，中美等国人形机器人竞相落地，产品迭代加快。尽管目前各家都还处于小批量生产阶段，但多家投行和智库机构预测，2035年，人形机器人产业将达到万亿级。

那么，谁最有机会领跑这个万亿级产业？

人形机器人产业链条、消费场景、数据库加快构建的中国，正成长为一支不容忽视的活跃力量。

人形机器人进入"暴发期"

机器人为何要人形的？

传统机器人具有专属性，更多时候一种机器人只能干一件事情。人工智能驱动的人形机器人更加智能，能够在多种场景中执行任务，极大地提高了通用性。打造与人别无二致的机器人，几乎是人类科技的

"终极梦想"。

人工智能加速了人形机器人"暴发"，其背后是长期技术积累的"水到渠成"。"人形机器人不是一个新系统、新概念，自20世纪60年代世界上第一款人形机器人在日本诞生后，它一直被认为是机器人领域中的技术竞争制高点，是国与国之间科技竞争的聚焦点。"浙江人形机器人创新中心主任、浙江大学教授熊蓉说。

在2022年及之前较长时期，中国人形机器人产业持续处于基础研究和技术积累阶段，主导产品多为用于教育的小型人形机器人，以及少量用于实验、展览、演出等场景的全尺寸人形机器人。

赛迪研究院报告显示，在2000年至2009年，人形机器人领域中文论文发表数量持续增长，研究热度持续提升。在2010年至2019年，人形机器人领域研究持续保持较高热度，为后续产业暴发增长打下坚实基础。

熊蓉团队从2006年开始人形机器人技术的研发积累。在国家"863计划"项目的支持下，她的团队在2011年发布了能打乒乓球的仿人机器人"悟"和"空"，至今已迭代至第四代。2024年3月，浙江人形机器人创新中心启动，发布了全域自研的首台人形机器人整机"领航者1号"，这是一款商业化的初代产品。

根据企查查数据，目前我国现存机器人相关企业达到71.67万

家，人形机器人产业呈现出蓬勃发展态势，优必选 Walker、小米 CyberOne、达闼 Ginger、傅利叶 GR-1 等一批国产人形机器人陆续面市，展现了中国在全球人形机器人市场中的竞争力和影响力。

熊蓉说，从技术布局上看，中国研究团队的技术储备覆盖了人形机器人运动控制、人机映射、机器智能等技术路线，在部分领域达到了国际领先水平。

"现阶段人形机器人的火爆，一是由于大模型形成的人工智能优势，能够在人形机器人上实现'落地'；二是人工智能芯片的算力，已经能够支撑人形机器人的复杂应用。"均普人工智能与人形机器人研究院院长郭继舜说。

中国能做出最具性价比的产品

业内人士认为，从开启商业化的角度看，实用、性价比以及智能水平，将是一款机器人能不能走远的关键，这正是中国目前的最大优势。

——丰富的产业生态和消费场景，提供广阔试验田，中国已成长为全球最大机器人应用市场。

数据显示，中国已连续 10 年成为全球最大工业机器人市场，2022 年，中国工业机器人装机量占全球比重超过 50%，虽然装配线上不少

流程环节已经由工业机械臂完成，但仍有不少特殊环节需要人工完成。人形机器人有望率先在工业领域实现示范应用，在特种领域将逐步替代人类，并将于成熟度较高后在民生领域实现大规模应用。

"人形机器人能够补充劳动力供给，另一方面，恶劣环境或内容重复、繁重、危险的工作，都有对人形机器人的需求。"云深处科技公司创始人、浙江大学副教授朱秋国说。

"未来3年到5年时间里，我们预测智能制造、智能仓储、情感陪伴这三个领域将率先实现人形机器人的落地应用。"郭继舜说。

——高效、庞大的供应链体系，具有先天制造优势。

人形机器人研发企业帕西尼感知科技有限公司联合创始人聂相如分析认为，新能源汽车制造的供应链，与人形机器人的供应链，存在较大程度的重合，如传感器、激光雷达等，中国在人形机器人产业发展和供应链建设上具有先天优势。

浙江人形机器人创新中心评估认为，中国机器人产业链已基本完善。"从供应链上看，我们要突破核心的零部件制造，然后做到低成本，还是要依靠中国的制造基础。"熊蓉说，浙江人形机器人创新中心与产业链上游130余家企业进行了需求对接，其中50多家企业都位于中心所在地、中国制造业重要基地宁波。深圳一家人形机器人公司负责人表示，现在做创新，很多时候上下楼就能够找到供应链上的创业公司或

2024 年 7 月 6 日，在 2024 世界人工智能大会，人们观看宇树科技通用人形机器人 Unitree H1 表演"科目三"舞蹈。（新华社记者王翔摄）

者协作公司。"无论是在珠三角或者长三角，在半小时的范围内就能够找到两三家的创新体。"

在制造成本方面，中国已经显现出优势。银河通用的双臂轮式人形机器人，成本仅需谷歌单臂轮式机器人的约 1/10；在数据回收方面，中国也有巨大的人力成本优势。

"当买一台人形机器人的价钱，和一个工人年薪差不多的时候，这一应用场景一定会得到推广。这也将推动人形机器人的泛化能力。"赛迪智库未来产业研究中心人工智能研究室主任钟新龙说。

——技术研究厚积薄发，推动成果转化。

数据显示，目前中国在人形机器人技术专利申请数量和有效专利数量上均位居全球第一。一名高校科研人员对记者表示，以往，高校和研究机构从学术研究的角度，追求人形机器人单项技术的极致性能，但集成度不高。近段时间以来，北京、上海、广东、浙江等地的人形机器人相关新型研发机构根据行业需求加快攻关共性技术，一批具有较强研究积累的高校院所持续加力研发创新，并积极推动创新成果转化。

不久前，针对养老、护理场景的人形机器人"光华一号"在2024世界人工智能大会亮相。这款机器人的独特之处在于能够"读懂"人的表情，并在面部显示屏上作出喜、怒、哀、乐四种表情来回应。

"在机器人 AI 算法逻辑设计过程中学习融合了人类多巴胺和内啡肽产生的生物机制，使得感知和行为更加拟人化和精细化。"复旦大学智能机器人研究院院长甘中学说，"光华一号"背后是一支由机械、生物、工程、计算机、大数据等多学科背景成员组成的团队，团队要将在学校研发出来的技术转化成产品，为解决国家重大需求作贡献。

从人才储备来看，中国 STEM（科学、技术、工程和数学教育）高端人才数量等于发达国家总和。尤其机器人相关学科成熟度逐渐提升，核心算法和产业研究人才涌现，清华、哈工大、浙大、华科等高校培养

孵化了多个人形机器人创业团队，研发实力雄厚。

——海量真实世界的数据，助力具身智能升级。

广东省具身智能机器人创新中心负责人、深圳市人工智能与机器人研究院常务副院长丁宁说，人工智能和机器人结合，就是具身智能。我国拥有完备的工业体系以及由此产生的海量真实世界的数据，将成为我们的优势之一。

"照片拍得再高清，也拍不出重力场、电磁波，让小孩看再多苹果的图片，都不如让他自己拿着苹果啃一口。"丁宁说，具身智能要求机器人理解物理世界的运作规则以及各个物理量之间的耦合关系，这种能力仅通过文生图、文生视频是理解不了的，只能通过机器人的"身体"与物理世界交互。

"我们的制造业和全工业体系产生的数据，是不同的物理对象进行交互的物理过程，以实体产业作为支撑，是最真实最有价值的数据，比网上的数据更有价值。"丁宁说，这会是人工智能生根发芽的肥沃土壤。

——政策引领抢占发展先机，为产业跃升奠定基础。业内人士表示，2022 年以来，中国对人形机器人的支撑条件、发展前景有过深入的分析和论证，眼下，推动人形机器人产业高质量发展，高水平赋能新型工业化，有力支撑现代化产业体系建设，已经形成共识。

2023年11月，工业和信息化部印发《人形机器人创新发展指导意见》，通过完善顶层设计全面推进人形机器人产业布局，提出到2025年初步建立人形机器人创新体系，整机产品达到国际先进水平，孕育开拓一批新业务、新模式、新业态，到2027年产业综合实力达到世界先进水平、成为重要的经济增长新引擎等发展目标。

北京提出对标国际领先人形机器人产品，支持企业和高校院所开展人形机器人整机产品、关键零部件攻关和工程化；上海提出采用"制造业创新中心＋重点企业"方式布局人形机器人制造业创新中心，加快打造具有国际影响力的人形机器人产品和通用人工智能大模型；浙江提出因地制宜建设人工智能特色产业园区，发展人形机器人等六来产业。

多地推出人形机器人补助政策，包括税收优惠、资金扶持、人才引进等，如杭州提出，对于人形机器人"首台套"产品，将给予不同比例的补助，单个产品最高可达1000万元。

钟新龙说："关键是中国能够把产品的性价比做得非常高，在竞争中，能以较低成本实现规模化生产和快速迭代，这一点非常重要。"此外，中国还能在巨大的国内市场中测试和优化人形机器人产品。"这也让我国在全球人形机器人产业中扮演着日益重要的角色，并有潜力引领人形机器人产业的未来发展趋势。"

安全是必不可少的考量因素

在 20 世纪 20 年代，"机器人"（Robot）这个词，由捷克剧作家卡雷尔·恰佩克首先提出。之后，"机器人"成为流行文化中的重要角色，小说《我，机器人》、电影《星球大战》以及电视剧《星际迷航》等科幻作品广受欢迎，基于机器人的科学幻想层出不穷。

赛迪智库报告认为，在政府引导和投资驱动下，2024 年和 2025 年人形机器人产业将持续高速增长，一批领先产品将开始小规模量产，同时也将有更多其他行业企业跨界入局。

业内人士预测，中国很可能迎来一个人形机器人的"百机争霸"时代。"许多高科技领域都会经历这样的发展过程。"郭继舜说，相较于智能汽车，人形机器人面对的市场容量会更大。"在人形机器人领域，没有绝对的'甲方'，谁能够更快找到市场需求，谁就能'上'。"

人形机器人走向商业化落地应用所面临的诸多挑战也不容忽视。

与工业制造相比，家庭场景和商业场景具有更复杂的环境和灵活多元的人机交互需求，人形机器人大规模落地应用还有明显的不确定性。

吉林大学工程仿生教育部重点实验室教授任雷说，当前人形机器人还做不到"神形兼备"，仅仅只是模拟了人的形态，还做不到"神似"，其敏捷性、灵巧性、精确性都无法跟人相比，也正是受功能所限，目前

很多人形机器人还没有实际的应用场景，离落地还有不小的距离。

熊蓉认为，人形机器人走向消费侧，安全是必不可少的考量因素。"如何保证人机交互的安全、机器人自身的安全、信息的安全，在解决这些问题的基础上，才能够实现规模化的量产。"

多名业内人士认为，人形机器人的终极目标是成为通用型机器人，可以适应不同环境，执行不同任务，且不需要单独为它搭建场地和工具。在未来一段时间内，这仍然需要人工智能、高端制造、新材料等技术的共同进步，学术界、产业界上下游共同的努力来达成。

（朱涵、陈宇轩、董雪、郭宇靖）

新范式下管理模式如何应变

2024 年诺贝尔物理学奖、化学奖的获得均受益于 AIforScience（即"人工智能驱动的科学研究"），这一新的科研范式有望成为未来"科研爆炸"的重要载体。

近日，记者在北京、上海、广东、浙江、山东等地采访人工智能领域相关院士与科学家了解到，"人工智能驱动的科学研究"有望成为我国科研突破的重大机遇。我国在人工智能技术、科研数据和算力资源等方面已有基础，需充分发挥新型举国体制优势，加快构建与"人工智能驱动的科学研究"相适应的新型科研模式及设施体系，加快形成支撑多学科交叉的科研生态，助力中国成为世界主要科学中心和创新高地。

人工智能驱动多领域实现颠覆性突破

"人工智能驱动的科学研究"旨在利用人工智能学习科学原理、创

造科学模型以解决实际问题。"2024 年的诺贝尔物理学奖和化学奖颁给人工智能领域的科学家，是对科学界的一次深刻启示：未来技术与学科交叉融合将成常态，人工智能作为这一融合过程中的核心驱动力之一，将推动科研不断突破传统框架，实现更深远、更广泛的创新。"中国科学院院士、北京大学国际机器学习研究中心主任鄂维南认为，"人工智能驱动的科学研究"将激发一场新的科学革命，重塑科研模式与科研工具，一批重要科学发现将诞生。

图灵奖获得者吉姆詹姆斯·尼古拉·格雷曾指出，科学发现存在 4 个范式，即千年前的经验科学、百年前的理论科学、几十年前的计算科学和十几年前的数据科学。业内人士认为，"人工智能驱动的科学研究"将是这些范式的结合升华，成为科学发现的"第五范式"。鹏城国家实验室云脑研究所所长田永鸿认为，"人工智能驱动的科学研究"有望成为全球新一轮"科研爆炸"的重要载体。中国工程院院士、之江实验室主任王坚认为，科研界拥抱人工智能技术是大势所趋。

我国已有初步布局进展。2023 年，科技部会同自然科学基金委启动"人工智能驱动的科学研究"专项部署工作，紧密结合数学、物理、化学、天文等基础学科关键问题，围绕药物研发、基因研究、生物育种、新材料研发等重点领域科研需求，布局"人工智能驱动的科学研究"前沿科技研发体系。此前，自然科学基金委启动可解释、可

通用的下一代人工智能方法重大研究计划。国内一些研究机构也积极布局。

2023 年，中国科学技术信息研究所、科技部新一代人工智能发展研究中心联合相关研究机构编写的《中国 AIforScience 创新地图研究报告》显示，来自中国、欧洲和美国的研究成果大幅领先，三地相关论文数量占全球总数的 80% 以上，我国数量最高。成立于 2021 年的北京科学智能研究院，围绕"人工智能驱动的科学研究"持续展开关键技术攻关，着手进行人工智能底层能力体系建设，利用人工智能数据库 MyScale 开展高质量科学数据库系统构建，并在微观基座模型上有所突破。副院长李鑫宇介绍，研究成果将直接助力于新医药和新材料研发。

国内有公司已跻身相关领域的先行者行列。2024 年 5 月，深势科技公司构建的模型 Uni-MolDockingv 2 被作为实验基线，列入 AlphaFold 3 的《自然》期刊论文中，表现仅次于 AlphaFold 3，且差距微小。分子动力公司构建了"数据＋理论"融合驱动的酶分子设计人工智能平台，针对具体工业生产与科研需求完成"新酶分子创制＋设计＋验证"全流程酶分子开发工作，推动"人工智能驱动的科学研究"助力更高水平的生物制造。

12月15日，游客在游览杭州西湖（无人机照片）。（新华社发　龙巍摄）

科研管理模式需加快匹配

多位受访专家认为，当前，我国需加大对"人工智能驱动的科学研究"的系统布局和资金支持。

构建与"人工智能驱动的科学研究"相适应的新型科研模式及设施体系。北京中关村学院院长刘铁岩认为，"人工智能驱动的科学研究"利用合成数据构建科学基座模型实现科研闭环。"这一切，不仅需要基础设施，更需一套与之相适应的科研管理模式。"鄂维南认为，相关科研管理模式不完善造成当前研究过分追逐"热点"，"甚至出现'重人工智能而轻科学研究'的倾向"。上海交通大学人工智能研究院常务副院长杨小康认为，实现智能时代的基础科学源头创新及下游重大技术创新需破解两个核心问题：一是建立全新的科学智能大设施；二是利用新一代人工智能实现对传统科学设施赋能，实现"科学问题（科学家）—实验设备（实验员）—科研数据文献（科研机构及中介）"闭环。

构建支撑多学科交叉的科研生态。"2024年的诺贝尔物理学奖和化学奖，突出显示了跨学科研究的重要性。"刘铁岩认为，作为一个高度跨学科的研究领域，"人工智能驱动的科学研究"对交叉领域人才的需求非常迫切，研究者需在计算机或自然科学领域有很深的造诣，同时对其他学科的复杂性有充分的理解与尊重，还要有广阔的视野与开

放的心态。

鄂维南认为，适应"人工智能驱动的科学研究"多学科交叉研究需求，科研组织形式需要更新，尤其需要打破传统评价机制，畅通让优秀青年人才获得更多资源的通道。山东师范大学信息科学与工程学院教授孙建德认为，"人工智能驱动的科学研究"开创性强、跨界性强、合作性强、探索性强，我们的支持政策需要对"科研人员会否因跨界研究而难以获得一些领域认可、难以获得长期有效的科研保障"等针对性问题形成正面回答。

建立科研数据共享机制，推动"科研大协作"。"'人工智能驱动的科学研究'只有在高质量数据的辅助下才可能助力科研。"中国科学院自动化所副研究员王闯认为，目前国内相关研究缺乏高质量数据平台，缺少相应科研文献库、实验观测数据等。山东一名教育工作者认为，可以从建立共享者利益保障机制、完善共享风险评估机制、加强共享基础设施建设三个方面推动科研数据共享。

推动"大军团"科研协同

受访科学家们认为，构建"人工智能驱动的科学研究"底座需要系统布局和有效组织，由于涉及范围较广，迅速推进需国家层面有力支持。

优化科研组织形式。受访专家认为，"人工智能驱动的科学研究"更适合"大军团式"作战，一个教授带几个学生"小作坊式"搞科研的方式已不再适用。针对科研组织形式，鄂维南建议，充分发挥战略科学家的作用，前瞻布局推动"人工智能驱动的科学研究"的宏观政策；建设新型科研联合体，统筹各地方产学研创新力量；持续优化迭代青年科技人才评价机制，激发创新活力。建立健全人才支撑体系。中国科学院院士、复旦大学校长金力等认为，实现"数据+机理"双轮驱动离不开人工智能人才有组织供给，建议高校进一步增设人工智能相关课程与专业，加大力度培养跨学科人才，同时制定针对性政策吸引国内外相关领域顶尖人才。

进一步完善科研数据管理，促进共建共享。受访专家建议，制定完善适应"人工智能驱动的科学研究"需求的数据政策，包括完善数据共享方式、隐私保护方法、规范伦理标准等。孙建德建议，建立国家级数据共享平台，促进科研数据开放利用。金力建议，构建双优数据生态和工具生态，与时俱进完善法律法规，加强数据治理，健全监督机制，确保新型科研模式在合法合规的框架内运行。

（毕子甲、马晓澄、周琳、俞菀、陈诺、周畅、张力元、赵旭）

杭州集中发布"政策包"助力经济高质量发展

2025 年 2 月，在杭州市推动经济高质量发展若干政策新闻发布会上，杭州市相关部门负责人表示，将抓住发展机遇推出一揽子政策，持续强企业科技创新主体地位，打造更高水平创新活力之城，构建现代化产业体系，加快构建具有特色的数字贸易与服务业体系。

打造更高水平创新活力之城

发布会一开始，杭州市发展和改革委员会主任楼建忠明确提出，2025 年杭州将努力让更多"DeepSeek"得以涌现。"今年杭州将专门统筹现有产业政策资金，集中投向优质新质生产力，加大对通用人工智能、人形机器人等未来产业支持，希望培育更多类似于 DeepSeek、宇树科技这样的创新企业。"

杭州市相关部门发布的数据显示，2024 年杭州科技创新能力有显

著提升，新增全国重点实验室 15 家、累计达到 33 家，高新技术企业总量突破 1.62 万家，全社会研发经费投入强度达到 3.92%，实现技术交易额、新产品产值总和超过 9200 亿元，国家创新型城市创新能力跃居全国第四位。杭州市科技局局长楼秀华说，2025 年杭州市锚定打造更高水平创新活力之城目标，一体推进教育强市、科技强市、人才强市建设。

一方面，杭州将建立重大科创平台财政资金评价拨付机制，实施科研机构分级分类评价。落实科创平台"伙伴计划"，形成科创平台与高校、企业、产业链结对机制。加快大科学装置建设，实施建设大模型、算力基础性工程，提升"算力券"发放总额。实施"人工智能+"行动，推进人工智能产业融合应用，加速实现场景产业化、规模化落地。

另一方面，为推动相关科技成果转移转化，杭州将持续推动环大学大科创平台创新生态圈建设，支持企业建设概念验证中心和中试基地。深化职务科技成果赋权改革，支持高校院所按照"先使用后付费"的方式，把科技成果许可给小微企业使用。强化科技金融支撑作用，市区两级与省级部门联合组建 30 亿元规模的第三期省科创母基金，加大"颠覆性成果转化直投基金"投资力度，引导社会资金投早、投小、投长期、投"硬科技"。

楼秀华表示，杭州将持续强化企业科技创新主体地位，打造"科技

型中小企业—高新技术企业—新雏鹰企业—科技领军企业"的梯度培育体系。支持企业承担重大科技攻关任务，培育一批引领支撑新质生产力发展的重大成果。支持科技领军企业牵头组建创新联合体，对形成标志性成果的重大科技项目给予联动支持。

因地制宜布局新质生产力产业赛道

记者注意到，在杭州市新发布的政策中，"构建现代化产业体系"摆在了较为突出的位置。杭州市经信局局长王越剑表示，围绕这一主题，杭州从七个方面做了谋划，一是因地制宜布局新质生产力产业赛道，二是支持战略性新兴产业稳增长，三是支持推动工业领域设备更新和技术改造，四是支持企业加大研发投入，五是加快数实融合发展，六是支持企业高质量发展，七是强化工业用地保障。

王越剑介绍，杭州将以"五大产业生态圈"为主导产业，清单化落实支持产品研发、产业化落地、特色园区建设等各项细化政策。以"五大未来产业"为后备力量，大力发展通用人工智能、低空经济、人形机器人、类脑智能、合成生物等风口潜力产业，积极争创国家级、省级未来产业先导区。"我们特别增加了一条，从工信专项资金中最高统筹安排3000万元，支持市级未来产业先导区建设。"

2023 年 9 月 9 日拍摄的杭州钱江新城与钱塘江夜景。(新华社记者黄宗治摄)

在精准落实助企惠企政策方面，2025 年杭州将力争新增中小企业无还本续贷 600 亿元左右。新培育专精特新中小企业 300 家、专精特新"小巨人"企业 40 家，入库培育科技领军企业 10 家以上。实施以设备更新为主的制造业重点技术改造项目 650 项，全年累计完成设备更新 1 万台（套）。2025 年杭州还将供应工业用地 1 万亩以上，占出让土地总量不低于 40%，新增"工业上楼"空间 250 万平方米以上，盘活低效工业用地 1.5 万亩以上。

此外，杭州将进一步推动数实深度融合。继续实施中小企业数字化赋能专项行动，深化国家中小企业数字化转型城市试点。2025 年，新增省级工业互联网平台 10 家、未来工厂 3 家，新增智能工厂、数字化车间 20 家，对经认定的省级工业互联网平台给予 200 万元一次性补助。

近年来，全国不少地方大力发展总部经济，推出总部经济支持政策。目前，杭州共认定总部企业 643 家，总部营收规模突破 4.7 万亿，共有 8 家总部入围世界 500 强，11 家入围中国 500 强。在今年的政策中，杭州也提出了支持总部企业做大做强的举措。

楼建忠说，目前，杭州已兑现总部专项资金 2.1 亿元，推出"带项目条件出让"总部地块 11 宗，帮助总部企业节约用地成本 14 亿元，授予总部车牌指标 1346 个，办理商务错峰通行证 227 张，有力地支持了

全市总部企业持续高质量发展。

加快构建具有特色的数字贸易与服务业体系

杭州是数字贸易的先发地区，2024 年，杭州数字贸易额超 3200 亿元，其中数字服务贸易占全省的 73%。杭州市商务局局长王永芳说，今年的浙江省政府工作报告指出并要求杭州，要提升全球数字贸易博览会影响力，探索建设全球数字贸易港，打造全球数字贸易中心，今年杭州在政策体系中首次增加数字贸易的内容，鼓励数字贸易主体培育。支持申请国家级服务出口基地，鼓励创建数字贸易示范园区、示范企业和成长型企业，培育一批具有较强创新能力和国际竞争力的数字贸易企业。

在鼓励数字贸易全产业链发展上，杭州将积极发展数字订购贸易，做优数字技术贸易，做强数字服务贸易，做大数字产品贸易，培育数据贸易，打造全国数字贸易全产业链第一城。在鼓励数字贸易特色领域发展上，杭州将大力发展文化"新三样"（网剧、网文、网游）出口，重点支持数字产品的海外发行、数字内容的翻译制作、海外新媒体的品牌推广。在鼓励数字贸易产业基金支持上，杭州将利用国家百亿级服贸、数贸产业基金落户杭州的契机，对符合条件的数字贸易企业给予产

业基金支持。同时，支持在杭高校开设数字文化贸易领域微专业，鼓励联合高校开展数字贸易专项培训，加强校企合作。

除了数字贸易，杭州也将加快构建其他具有特色的现代服务业体系。楼建忠透露，今年杭州将大力发展生产性服务业，落实提振消费专项行动，全方位扩大内需。支持汽车置换更新、家居换新，家电补贴由8类扩围至12类，提高电动自行车新车购买补贴力度，售价在6000元以下的手机、平板、智能手表（手环）等3类数码产品也会有相应的补贴。对国际知名或国内一流的大型演唱会、音乐节也会有相应的资金支持。支持总部企业、物流企业做大做强，保持政策支持力度。对于首次入选国家鼓励的重点软件企业、重点文化产业项目、经认定的文化企业，都会给予资金奖励。

记者了解到，为保障各项政策能够有效落地，杭州市财政局、市规划和自然资源局、市发改委、市人力社保局将分别制定财政金融保障清单、自然资源要素保障清单、能源保障清单、人才要素保障清单，为政策落地实施提供强有力的保障和支撑。

（顾小立）

"企业持续投入创新有底气"

——浙江"先用后转"模式助力科技成果转化综述

"高校与企业合作越来越密切，成效越来越显著！"以科技成果"先免费试用，后付费转化"方式与浙江大学团队合作3年后，浙江创新汽车空调有限公司负责人林有彬感慨道。

浙江创新汽车空调有限公司位于浙江省龙泉市，地处浙西南山区。通过"免费试用"牵线搭桥，林有彬的公司与浙大教授、龙泉汽车空调产业的首席专家熊树生达成长期合作。在专家团队的帮助下，公司实现产能翻番，新增专利产品产值1亿元以上。记者采访了解到，最初，龙泉的汽车空调企业以作坊式手工生产为主，中小微企业长期面临"资源找不到、合作谈不拢、风险接不住"的窘境。近年来，浙江探索科技成果"先用后转"新模式，以灵活的市场机制降低科技成果转化门槛，创新性引入科技保险，让企业能没有后顾之忧地承接科技成果、投入创新。

"'先用后转'让中小企业先'不花钱看成效'，在试用满意后，再

按照约定的条件和方式支付费用，'花钱办大事'，持续投入创新就有了底气。"林有彬说。

"我们聚焦汽车空调主导产业，梳理出 35 个技术节点，目前已有 12 个来自企业的技术难题以'先用后转'的方式成功与高校达成产学研合作。"龙泉市科技局局长郑绍武说，曾经工业基础较为薄弱的龙泉如今已拥有了全国领先的汽车空调系统研发、检测、成果转化创新综合体。

浙江省科技厅成果处处长金聪说，以往，企业有着"成长的烦恼"，实验室的研究也面临"束之高阁"的问题，如今"先用后转"不仅能减少因信息不对称、供需不匹配带来的交易成本，也降低了中小企业承接转化科技成果的风险。

数据显示，自 2021 年 10 月浙江率先探索科技成果"先免费试用，后付费转化"方式以来，已有 5900 余项科技成果纳入"先用后转"成果池，累计免费试用 1879 次，促进技术、人才、资金、平台和服务体系等要素向中小微企业有效"下沉"。

在科技成果转化机制进一步完善的过程中，一批专家从象牙塔走进生产线，企业的积极性显著提升，科技成果"落地生金"的生动故事越来越多。

浙江香满亭生物科技有限公司引进电子科技大学长三角研究院的智能管理系统，大棚花菇的年亩产量提升 15%，优质花菇占比提升 15%；

浙江理工大学常山研究院 12 支专家团队，集中用两个月时间深入 70 多家企业车间，将轴承模具使用寿命从原来的平均两小时提高到 6 小时；武义智能制造产业技术研究院针对"电动工具行业角磨机"生产线设备模块化、标准化等共性问题研发出的 30 多项专利，均面向加入产业联盟的企业免费提供……

据统计，在浙江的山区县，以"先用后转"实施成果转化的交易双方，已有约六成实施了进一步的产学研合作。

此外，科技成果"先用后转"功能在中国浙江网上技术市场（淘宝端）上线。打开 App 页面，诸多科技成果一一陈列，成果简介、参考价格、围观人数等信息直观呈现。数据显示，截至目前，上线的 119 项支持"先用后转"的科技成果触达意向人群已达上亿人次。

为进一步完善科技创新权益保障机制，浙江还对"先用后转"模式机制进行地方立法，明确"先用后转"交易规范流程，建立"企业投保，高校受益"保险模式，规避知识产权侵权风险。

"我们要推动科技成果'更快转'，鼓励中小微企业'主动转'，强化产学研'精准转'。"浙江省科技厅相关负责人表示，浙江将进一步打造转化平台市场主导、主体活力充分激发、政策制度保障有力的科技成果转化新格局，形成充分开放、协同并进、实效实用的技术市场生态。

（朱涵）

锻造"火眼金睛"让城市更安全

作为城市安全智能体服务商，位于杭州未来科技城的杭州叙简科技股份有限公司（简称叙简科技）2012年以来不断融合高科技前沿技术，致力于锻造一双"火眼金睛"透视城市地下空间，目前已成功打造CT级安全物联网、城市安全大模型、应急指挥三位一体的技术架构，正大胆驶入构建"地下数字孪生世界"的"无人区"。

稻田里成长的"安全卫士"

"天才总是成群结队地出现"——杭州城西，金色的梦想长廊东侧是一汪池水，西侧是一片稻田，这个名为"梦想"的小镇正致力于让追梦者水"稻"渠成。

与梦想小镇咫尺之遥的杭州未来科技城（海创园）是浙江省、杭州市为深入实施国家人才战略，着力提升科技创新能力，加快经济转型升

级而专门打造的海外高层次人才创新创业平台，定位为科技资源充分聚集、体制机制充满活力、公共服务便利优质、创业创新高度活跃的人才特区和科技新城。

杭州未来科技城也是叙简科技起步的地方。"公司 2012 年 9 月注册成立，2013 年 5 月正式入驻。当时，周边还都是农田。"叙简科技董事长金国庆回忆往事不胜感慨，"余杭有创业的条件，我们就过来了。叙简科技是头几家搬入海创园的企业，十多年来见证了彼此的成长。"

安徽桐城人金国庆 2001 年吉林大学计算机软件专业毕业后曾手握华

杭州未来科技城

为、工商银行、中银国际等多份 offer，差点成为金融上班族的一员，但最终选择杭州，入职一家通信行业央企。"我父亲觉得我更适合做技术。"金国庆说，杭州离老家安徽比较近，而且"那时候大家都知道杭州"。

这个安徽普通家庭"开会"作出的决定，为叙简科技的诞生埋下伏笔。2012 年，在业内深耕多年的金国庆开始创业。"想做的是融合通信，解决智慧城市里面的信息孤岛问题。"他回忆。

现如今，经过 12 年的发展，得益于杭州良好的创新创业氛围，叙简科技不断融合高科技前沿技术，已逐渐成长为国内知名的城市安全智能体服务商。立足"安全"和"应急"两个核心点，这家企业秉承聚焦、专业、价值的经营理念，集研发、生产、销售于一体，拥有一个省级研究院和两个省级企业研发中心，同时与浙江大学、吉林大学等高校建立产学研合作。

城市安全"十八般兵器"

30%——这是叙简科技的研发强度，代表了一家企业对科技创新的态度。

"我们在做一件慢而难的事情，科技做快其实很容易，但叙简科技选择专注研发。"金国庆说，叙简科技十分重视研发投入，已累计投入

3亿元，"这是发展的重要基石，虽然公司的体量还小，我们毫不吝惜重金投入研发，拖曳车的投入就超过5000万元。"

随着城市化进程的加快，地面空间日益饱和，城市地下空间的开发利用成为缓解城市压力、提升城市综合承载能力的有效途径。地表之下，轨道交通与城市快速路的各类隧道穿插而行，不同部门、不同时期铺设的管道错综交织，重大工程和高层建筑施工中挖掘的基坑涵洞间杂分布，叠加本就复杂的水文地质条件，对城市运行的整体安全水平造成严重威胁。

"这一领域的风险隐患应以预防为主，技防必须跟上，提升城市地下空间的风险监测预警能力是重要手段。"金国庆说，我国部分城市的地质条件较为复杂，大规模的城市建设和地下空间开发，影响地下空间的稳定性。建设速度快、规模大、工期紧也使得施工安全隐患增加。

针对城市安全风险，叙简科技专注打造CT级安全物联网、城市安全大模型、应急指挥三位一体的技术架构，"武器库"里"十八般兵器"俱全。

——CT级安全物联网。地下空间拖曳式瞬变电磁系统采用地下空间拖曳式瞬变电磁自动探测装置及工作方式，能够对地下0至—60米区域地质进行连续快速无损探测，实时采集快速成像，解决现有探测方法探测深度不足、测量准确度低等问题，为城市道路、高速公路病害提

供有效探测手段。道路塌陷事件监测预警系统则可实现对道路地下空洞塌陷的有效识别监测及预警。

——城市安全大模型。城市安全大模型汇聚行业数据、政府端监测数据、企业专业数据等，为模型的训练提供海量样本。以基础设施和基础平台为基座，通过训练平台进行知识获取、知识管理、知识加工，为大模型提供底层技术支持。大模型聚焦化工、应急、矿山、疾控等领域，着重进行垂直领域大模型的深耕和开发。

——应急指挥。智慧城市联动指挥平台是面向城市的"最高指挥长"，针对城市重特大事件、多部门融跨事件的一体化联动指挥平台，系统集风险监测、分析预警、联动处置、灾后评估于一体，基于指挥标准应用，创建多个城市安全专题，打造丰富的业务应用场景。同时，基于融合通信核心技术和智能数字预案指挥能力，实现跨部门、多终端指挥。

"数字孪生"近未来

"地下空间风险监测是一个世界性难题，需要引起足够的重视。"一位地球科学专家表示，我国幅员辽阔，地质情况各异，现阶段很有必要在大中城市因地制宜开展城市地下空间监测软硬件更新，持之以恒开展

研究，一些基建较多的城市更应及时采取措施。

"叙简科技准备建设一个'地下数字孪生世界'。我们的设备探测完，一公里一车道可以采集 5GB 数据，起码可以建立起 0 至—30 米的'地下数字孪生世界'。"金国庆说。

在金国庆的描绘中，"地下数字孪生世界"的形成，将使城市地下治理变得"可见"，实现看得见、看得清、看得准。道路风险监测通过设备"最多跑一次"，跑完后将结果给到燃气、水务、通信、城管等多个部门，避免重复监测、资源浪费。

"到时各部门拿到的不是报告，而是一个基于数字孪生世界的数据产品和数据服务，是数字化的呈现内容，是一个应用场景。"金国庆说，"这是一个了不起的东西，是我们正在努力的目标，需要进一步的研发。"

城市安全智能体是这场探索的阶段性产物。在叙简科技的世界中，城市安全智能体是一种基于人工智能和大数据技术的系统，旨在提升城市安全管理水平。智能体能感知环境、进行决策、执行动作，从而实现对城市安全状况的监控、预警和应急响应。叙简城市安全智能体平台包括 CT 级安全物联网、城市安全大模型、应急指挥三个系统。

业内人士认为，随着我国新一代基础设施建设的不断发展，地下管网及综合管廊施工也要加大信息化建设力度。需要善用市场和政府力量，加强 5G、大数据、物联网、人工智能等新一代科学技术应用，增强建筑

施工科学性、完整性和准确性，便于后期安全监管实现及时预警风险、准确研判形势、精准制定政策，提升地下空间安全的动态管理水平。

目前，国内大中城市地下空间开发活跃，各地开发需求强烈，面临的风险挑战也较为相似，部分城市的局部探索和零散创新有待更大范围、更高层次上的推广、验证和优化。

"城市安全智能体是城市安全管理的第三个发展阶段，是在第一阶段的城市安全信息化发展到第二阶段的城市安全数字化，在此基础上又整合了 CT 级安全物联网技术和城市安全大模型技术形成的一个真正能预警、智处置、会评价的平台。"金国庆说，希望为城市安全作出更多贡献，这是叙简科技的初心所在。

（马剑、岳德亮）

现象级的科技飞跃：相信光，追逐光

从 DeepSeek 横空出世，到登上春晚舞台扭起秧歌的宇树机器人，从以动画技术革新领跑电影票房的《哪吒之魔童闹海》，到"神农""天问"等楚才系列人形机器人集中亮相，现象级的科技飞跃成为今年春节的热门符号，更为中国人在乙巳蛇年万象更新的时刻增添志气、锐气、底气。

冰冻三尺，非一日之寒；滴水石穿，非一日之功。DeepSeek 以开源思维挑战传统 AI 行业的一些传统路径、展现中国人工智能技术的巨大潜力，宇树科技的同步控制系统让机器人动作行云流水，《哪吒之魔童闹海》的 AI 生成动画和 AI 特效做足细节，更呈现东方美学……这一切都是科研人员日积月累、日拱一卒的成效。

中国企业的科技触角正在全面开花、阔步迈向"大航海"时代，其背后源源不断的动力是无数创新者、奋斗者以不懈的努力、挺直的腰杆、超然的定力和豁达的胸襟不断追梦、造梦、圆梦。AI 浪潮袭来，中国科技工作者一直在追梦。"追"不仅仅是"跟"，目的在"超"。正如 DeepSeek 以低成本和开放性强强联手、有望激发新一波人工智能创新浪潮，无数科技工作者推动原始创新、颠覆性创新，脚踏实地潜心研究关键核心技术，以科技创新锻造新质生产力，加速构建自主可控的产

2024 年 9 月 5 日拍摄的杭州钱塘江畔朝霞。
（新华社记者江汉摄）

业生态……披荆斩棘踏尽崎岖，在万山中奔走，在群峰中奋进。

面对"无人区""深水区"，造梦之路布满荆棘。科技创新需要的是创新者骨子里的"刚"与"气"。正如有人所说，一群不信邪的耕耘者，用代码当砖瓦，拿算法做钢筋，在裂缝中硬生生垒出通向未来的技术栈桥。

创新从来不是一蹴而就的事，技术迭代升级之快超乎想象，不能停顿，要不停奔跑。别人能做的，我们可以做得更好。在波澜壮阔的时代画卷中，唯有奋斗者能留下深深的印记。在这个新征程上，每一个人都是主角，每一束光芒都熠熠生辉。

一年之计在于春。中国的这些科技进步来之不易，令人扬眉吐气。愿我们追随这道光，心怀热爱，身有行动，去照见更大的世界。

（刘阳）

天崩开局的浙江，凭啥能逆袭？

最近，浙江杭州又火了一把，
据说这里出了六条小龙，
引得国内外一片关注。

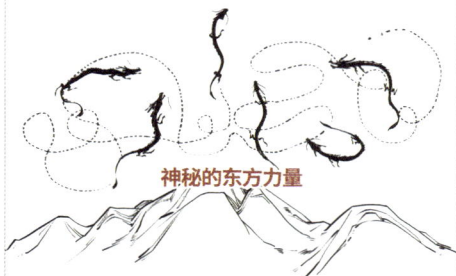

神秘的东方力量

其实，**杭州"六小龙"**是六家公司，
它们都是这几年在杭州崛起的、
在业内很有影响力的科技新贵公司。

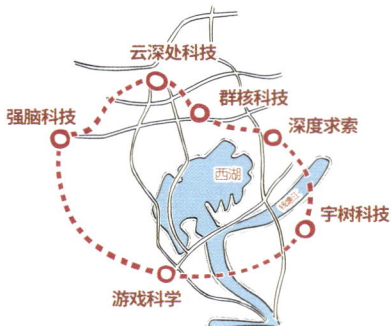

看名字你可能陌生，
但这些公司研发的产品，
你指定见过或者用过。

群核科技

2013 年推出
空间设计软件酷家乐
快速生成家装设计的
3D 效果图

-2013年-

强脑科技

2023 年 10 月
杭州亚残运会开幕式
脑机接口技术研发的
智能仿生手点燃圣火

-2023年-

云深处科技

2023 年 10 月
推出**四足机器人**
已开展电力隧道
巡检等工作

游戏科学

2024 年 8 月
推出《**黑神话：悟空**》
成为首款国产 3A 游戏

-2024年-

深度求索

2025 年 1 月
发布国产 AI 应用
DeepSeek
登顶中美应用商店榜首

2025年

宇树科技

2025 年春晚
推出人形机器人
机动性灵活性极高

这六家科创企业研发的产品，
打破了国外技术垄断，
向世界展示了中国的硬核科技实力。

可你有没有想过：
这六家企业为啥都扎堆在浙江杭州？
这是巧合，还是杭州这地方真有啥魔力？

我阿浙开公司，
那可真是有一套。

混子哥翻了翻浙江的发展史，
发现科技小龙们诞生在这里，并非偶然。
自古以来，浙江这片土地上的居民，
就善于**整合资源、抓住机遇、创新发展**。

为啥说浙江人有这些特质？这里又
为啥出了不少知名企业？混子哥跟你
聊聊历史，看完这些，你也许就会知道。

"六小龙"为啥出现在浙江？

别看阿浙现在混得风生水起，
其实她拿到的剧本是天崩开局，
好在她，

一、善于整合资源

从位置上来看，
阿浙坐在咱国家东部。

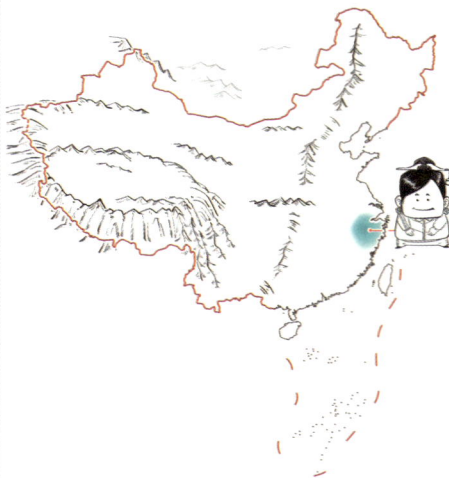

按理说东部应该平原老多、湖泊纵横，
隔壁的江苏就是这样，
但我们来看看地图，浙江却是：

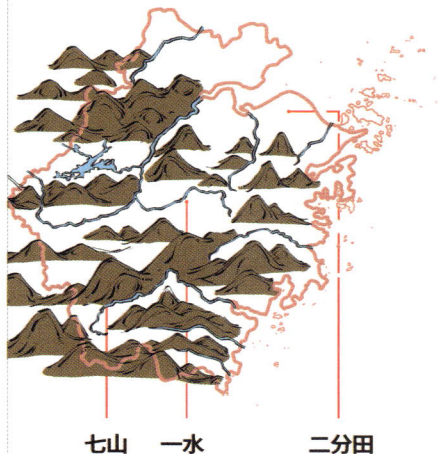

七山　一水　　二分田

这里说的是占浙江全省的面积比例，
加起来就是十分。

那么问题来了，这样的比例，
会给阿浙造成什么样的影响呢？

山多会怎样？

浙江有着大片的山地和丘陵，
占全省的七成以上，山路难走，
让这里的人交流十分不便。

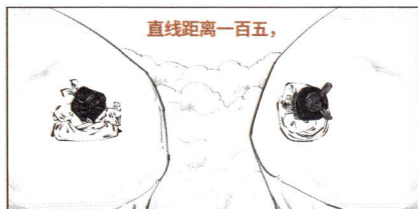

直线距离一百五，

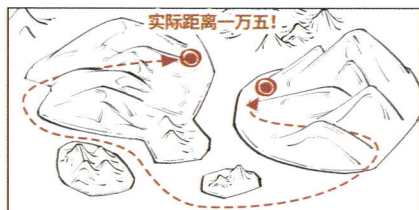

实际距离一万五！

水多会怎样？

江流数量多，但面积小，
大多江流只能在群山里钻来钻去，
一到雨季，山上存不住水，就会冲入江中。

激流涌进？

所以我们往往忽视了，
其实阿浙的山洪灾害也不少。

那江水流到大海，会不会就好了呢？
也不是，它还会返回来形成：

钱塘江大潮

别看很壮观，但在古代，
这大潮会淹田毁堤，妥妥是自然灾害。

加上阿浙的平地本来就不多，
发展农业的耕地很少，总结一下就是：

**交通不便水灾多，
耕地不足困难多！**

因此，很长一段时间，阿浙都没怎么发展，
甚至被划分为**百越之地**，意思是，这儿太荒凉。

但真正的强者，
从不抱怨大环境。

只要思想不滑坡，
办法总比困难多！

但阿浙因地制宜，
开始整合资源，布局自己的发展路子。

靠山吃山，东部平原虽然面积不大，
但土壤肥沃，水源充足，搞点农业也能自给自足。

所以浙江很早就有人类居住的痕迹，
有多早呢？

杭嘉湖平原
宁绍平原

良渚文化
中华文明的源头之一，
证实了5000年文化历史。

河姆渡文化
包工头始祖有巢氏，
就属于河姆渡文化。

西南广阔的山地丘陵，
可以种些经济作物，

茶树　　果树　　桑树

再动脑子加工加工，
就成了特产：

茶叶　　瓜果　　丝绸

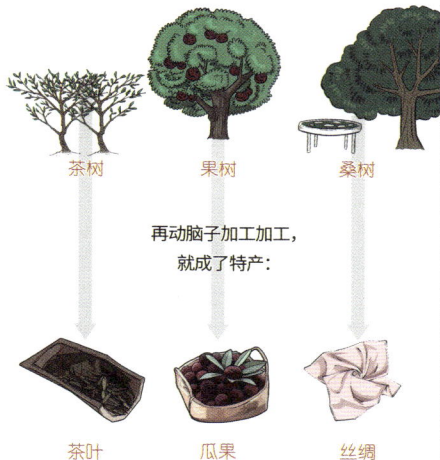

而发达的水系，既能发展渔业，
又能搞运输卖特产。

> 万水千山总是情，
> 来杯龙井行不行？

经过阿浙一番折腾，
原本的先天不足，硬生生成了：

有粮糊口，
有货可赁，
有船能运。

> 把劣势转化为优势，
> 妥妥的强者思维有木有？

除了善于整合资源，阿浙还，

二、善于抓住机遇

在秦汉之前，北方片区的发展更强势，
但阿浙很快抓住机遇，获得了自己的三桶金：

> 报数!1!　　2!　　3!

两晋——永嘉之乱　隋——隋朝大运河　宋朝——靖康之难

第一次机遇：两晋-永嘉之乱

西晋末年，
班级北边出了一场大乱子。

> 起!　来!　嗨!

内有皇族司马一家　　　外有一群少数民族
窝里斗、搞内讧；　　　不服管、要造反。

有个叫司马睿的皇族，趁乱上位，建立东晋，
定都建康，也就是现在的**南京**。

与此同时，北边的世家大族为躲避战乱，
也纷纷南下，跑到建康附近定居。

带我走,到
遥远的以后~

巧了,阿浙跟着沾光了。

浙江

这些来自北方的土豪们,
给当时没见过啥世面的阿浙,带来不少好东西:

锄禾日当午,
亩产两万五!

名人八卦,高端
段子,欢迎补充~

世说新语

先进的生产技术　　　超高的文化素养

来条真丝澡巾,
再来杯手冲绿茶~

还有强悍的
消费实力

拓庸5元
搓澡5元

在这群北方人的带动下,
浙江农业技术大幅提高,成了鱼米之乡;
知识文化水平突飞猛进,盛产江南才子;

就这样,
阿浙赚到了第一桶金。

我爱钱,钱爱我,
钱从四面八方来!

第二次机遇:隋唐——隋唐大运河

阿浙的生意虽然有了起色,
但经济实力和北方同学还差了一大截,
不要着急,第二桶金,马上有人来送了。

美女~给你一个泼天
的富贵,要不?

隋炀帝 杨广

隋炀帝一生放荡不羁爱自由,
发现江南片区风景、美食都绝佳,
于是发动几百万农民工,
从洛阳挖了一条直通江浙沪的大河——

隋朝大运河

这条大运河，不光直通阿浙家门口，
还连接了不少繁华大都市。

后来大家在此基础上修修补补，
成了如今著名的**京杭大运河**。

靠着这条黄金水道，
阿浙再次迅速地抓住了商机，
经济实力进一步增强。

金华火腿、
杭州丝绸~

产地直发，
早买早享受~

第三次机遇：两宋——靖康之乱

阿浙的第三桶金来的有些意外。

北宋末年，北边游牧民族来中原抢地盘，
甚至把皇帝全家绑回了东北。

不公平！都是
亡国之君，

凭啥他隋炀帝在
温暖的南方享受。

这事儿叫**靖康之乱**。

历史总是惊人的相似，跟西晋时一样，
大宋皇室也有个漏网之鱼，他趁机上位，
建立南宋，这个人就是：

宋高宗 赵构

爸比，因为我要去南方啊。

为了躲避金人的追击，
赵构一路跑到南方避风头。

去哪里呢？浙江。

开封
杭州
（不跑了）
商丘（赵构称帝）

长

江

赵构跑到杭州一瞧，"嗯，是个好地方。"

别来沾边！

北边有天险长江保护，
金人轻易打不过来。

一直没什么战乱，
经济基础比较好。

再加上这里环境优美、风景如画，
到处都是 5A 级景区，

西湖

跑得腿都软了的赵构，决定不跑了，
在杭州住了下来，改名**临安**。

意思虽然人到杭州了，但只在这里
临时休息，是**行都**。真正的首都，
一直是河南**开封**。

赵构有什么小九九我们不操心，
不过皇帝都来这儿买房了，
阿浙还愁没人来吗？还愁经济发展不起来吗？

青城山下~白素贞~
也来浙江~嫁官人~

一时间，全国的资源、资金、人才……
都源源不断地涌进浙江。

至此，浙江全面赶超北方，
正式成为全国的经济、文化、政治中心。

妥妥的C位！

但阿浙还不满足，她发现，
海外市场还十分广阔，
于是发挥自己的沿海优势，
开拓出海线路，向海外进军。

宁波

泉州.

广州

这就是著名的**海上丝绸之路**，
浙江是海上丝绸之路的
重要出发点。

阿浙靠着努力和善于抓住机遇的能力，
一直富裕到了清末。

直到遇见了一件大事儿——**开埠**。

简单理解，就是外国人强迫清政府，
开放几个城市，让他们可以自由出入。

这座位
我承包啦！

做生意、盖房子   建立新式工厂等

最早开埠的，是上海、广州、
福州、厦门、宁波五座城市，
史称**五口通商**。

不少敏锐的宁波老板，
都带着金银细软跑到上海去搞发展，
所以现在不少上海的有钱人，祖籍都是浙江的。

浙江祖籍，
更适合上海宝宝体质。

不过，既然是做买卖，
自然有赚也有赔。

随着战争的到来，浙江深受其害，
从原本的富裕之家，瞬间掉回一穷二白的状态。

亏大了！

三、头脑灵活，善于创新发展

新中国成立，一片新气象，
国家要从主农业转型为主工业。

轻工业 + 重工业

浙江多山地，基础产业薄弱，
所以不适合发展重工业。

看到那些能发展重工业的省份，
阿浙眼里只有羡慕的份儿。

大锤80！
小锤40！

支棱起来！

不过多年的经商生涯，
让阿浙练就了超强的心态。

于是，聪明乐观的阿浙拎起竹篮、扛上扁担，
走街串巷，用红糖、草纸换鸡毛赚钱。

百样生意两肩挑，
一副担子四海跑。

重工业不行，咱们来轻工业，
轻工业上手没那么快，咱们先上手小作坊。

一步步来，一步步赶，
这便是阿浙的精神。

改革开放后，国家开始鼓励发展经济，
头脑灵活的阿浙立马搞起了家庭作坊，
专门制造各种各样的小商品。

小到玩具零食，大到服装家具，
只有想不到，没有做不到。

让我掏掏
还有啥……

这种小作坊模式，一直延续到了现在，浙江人民真正践行了什么叫，

宁做苦老板，不做打工仔！

小作坊模式虽好，但也有问题，
一个村、一个镇的东西都差不多，
小老板们一琢磨，

与其各自一摊，
疯狂内卷，

不如合力，
做大做强。

久而久之，
整个浙江就出现一个个专业市场：

永嘉桥头纽扣市场、永康五金市场、
柯桥轻纺城、海宁皮革市场……

当然了，其中最著名的，还要数：

义乌小商品市场

进入互联网时代，阿浙更是靠着敏锐的生意眼光，
依托众多沿海港口，早早搞起了跨国电商。

**帮整个世界
把物价打下来~**

287

阿浙的经济实力，也重回巅峰，
稳稳占据全班前五的宝座。

这些年，阿浙还走上了科技创新的道路，
浙江大学等本地高校，
培养出了一大批杰出人才。

"六小龙"中深度求索、云深处科技、
群核科技的创始人都毕业于浙江大学。

同时，凭借着免租金、批贷款、提供补贴……
这些真金白银的政策支持，
还有"最多跑一次"等负责任的办事模式，
浙江不仅留住了本地人才，也吸引了外地的实干者。

敢闯能干的本土精神，适宜的创业环境，
加上优秀人才的脑力和付出，
阿浙能做出高科技领域的优质产品，
惊喜却也并不意外。

开拓创新，
勇攀高峰。

让世界瞧瞧，
咱东方的神秘力量。

看到了吧？起手一堆小牌，
却被阿浙生生打出了王炸的气势。

走遍千山万水，说尽千言万语，
想尽千方百计，吃尽千辛万苦。

阿浙终于成为了如今
商业和科技都领先的好江南。

（陈磊·混知团队）

混知
专治不明白

288